どんなに体が硬い人でも
やわらかくなる
ラク伸びストレッチ

ストレッチトレーナー
なぁさん

PHP

何をやっても「体が硬いまま」のあなたへ

こんにちは！ ストレッチトレーナーのなぁさんです。
私のストレッチ専門店を訪れるお客様の悩みの中でも、
ぶっちぎりで多い悩みがあります。
それは、「体の硬さ」です。

しかし、「ずっと体が硬くて……」
というお客様を診てみると、
それは大きな勘違いで、
これから十分にやわらかくできる、
もしくはすでにやわらかい部分が
ある方がほとんどです。

なぁさん

なぜ、あなたの体は硬いままなのか？
なぜ、ラクに気持ちよく、
「伸び感」を感じられないのか？

そこで今回は、そんな方々の声に答えるべく、
「私が実際に施術している柔軟メソッド」
を１冊にまとめました。
この本を読めば、どんなに体が硬い人でも、
セルフストレッチだけで
「やわらかい体」を手に入れられます！

本書で紹介する柔軟メソッドは、
❶マッサージ ❷動的ストレッチ
❸静的ストレッチ（ソフトorハード）
以上3つをセットにした
「まったく新しいストレッチ」です。

❶ マッサージ

❷ 動的
ストレッチ

❸ 静的
ストレッチ

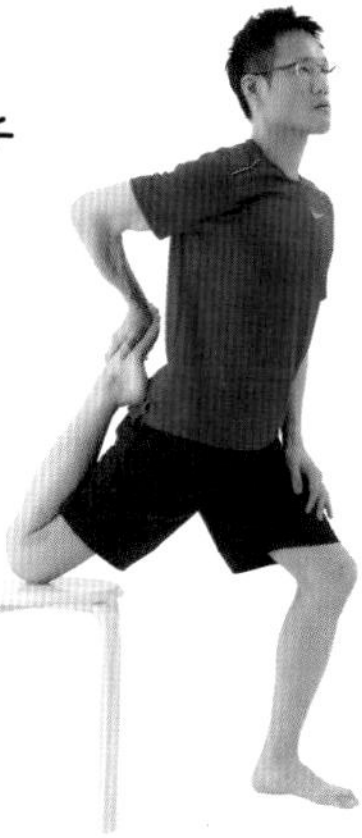

そもそも体が硬くて筋肉が伸びない人は、
ストレッチ前に筋肉をほぐして負担を減らし、
その後で筋肉を伸ばすと、
驚くほど気持ちよく伸びます！

私のお店でも
「マッサージ×ストレッチ」を実践してきました。
本書には、そのエッセンスを
あますところなく入れ込んでいます。
まさに「柔軟ストレッチの決定版」と
いってもいい内容です。

お客様

でも、生まれつき体も硬くて、
なかばあきらめぎみで……

実は、生まれつきや加齢に関係なく、
基本的には、どんな方でも
体をやわらかくすることは
可能です。
まずは、本書の柔軟性CHECKで、
いまの体の状態を正しく知りましょう！

頑張ってストレッチを続けているのに、
なかなかやわらかくならないんです……

お客様

もしかしたら、やり方が間違っていて、
「本当に伸ばすべき筋肉」に対して、
正しくアプローチできていない
のかもしれません。

本書では、解剖学的に正しい「伸ばすべき筋肉」を、
マッサージ＆ストレッチごとに紹介しているので、
やればやるほど、体がやわらかくなるのを
実感できるはずです！

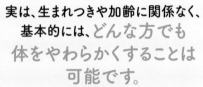

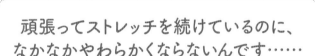

また、もしかしたら読者の方の中には、

「体が硬くてもそんなに不都合ないし、何も困らないよね」

と考えている方もいるかもしれません。

しかし、それは大間違いです。

実は筋肉が硬くなると、
血流が滞り、さまざまな不調の原因となる
ことがわかっています。
体が硬いことによって引き起こされる
「健康リスク」を少しでも減らすためにも、
ぜひストレッチを実践してみてください。

本書を手に取られた方は、
もうすでに、柔軟な体を手に入れたも同然です。
柔軟性CHECKで伸ばすべき筋肉を理解し、
適切なマッサージ＆ストレッチをすれば、
面白いほど体がやわらかくなっていきます。

リコさん

ここからは、アシスタントの
リコさんと一緒に、
実際の内容について見ていきましょう！

どんなに体が硬い人でもやわらかくなる
ラク伸びストレッチ

CONTENTS

第2章 下半身をやわらかくする

解剖学的に正しいストレッチとは？

会社員時代に通っていたストレッチ専門店で「不調が改善された」ことから、ストレッチ・トレーナーとして、新しい道を歩きはじめました。しかし、残念なことに、正しいフォームや知識をもとにストレッチができる人は稀で、Ｔｗｉｔｔｅｒで情報発信をしながら、ストレッチなどの施術をしています。いまや予約が受けられないほどです。

なぜ効果が上がったかというと、解剖学に基づいたストレッチだからです。解剖学とは、体の形態と構造を知る学問。医学に従事する人が欠かすことができない基本知識です。体の筋肉、血管、神経、内臓などには、それぞれ名称や働きがあり、互いに関連しています。このような解剖学を踏まえた上でこそ、正しいストレッチ指導ができるのです。まずは、左ページの筋肉図を見てください。本書でアプローチする筋肉の位置と形が確認できます。

それぞれのストレッチのフォームを意識して、筋肉が伸びていることを感じながら行うことが、効果を上げる重要なポイントです。

筋肉図

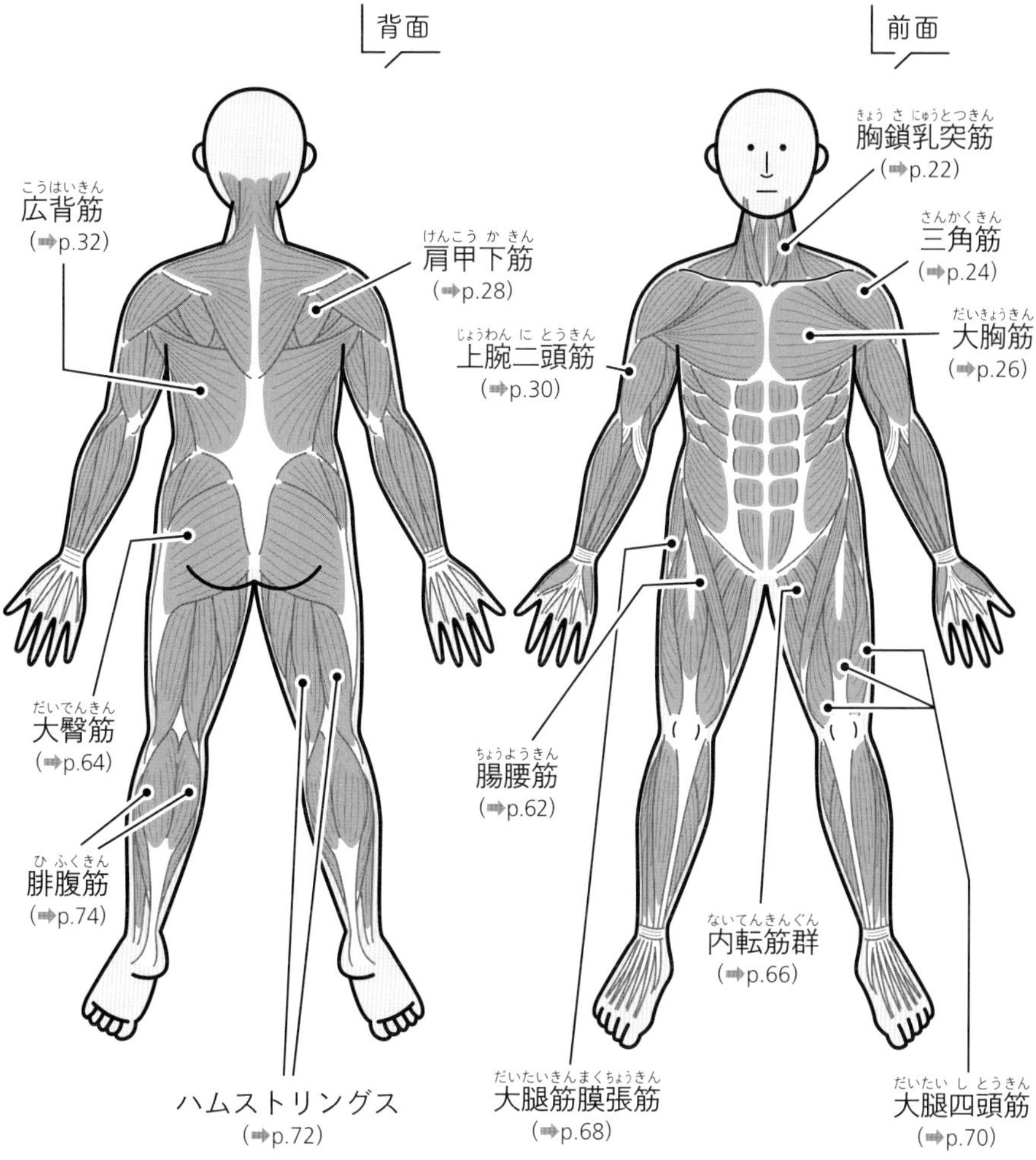

背面
前面
広背筋《こうはいきん》
(➡p.32)
肩甲《けんこう》下《か》筋《きん》
(➡p.28)
上腕《じょうわん》二《に》頭筋《とうきん》
(➡p.30)
大臀筋《だいでんきん》
(➡p.64)
腓《ひ》腹筋《ふくきん》
(➡p.74)
ハムストリングス
(➡p.72)
胸《きょう》鎖《さ》乳突筋《にゅうとつきん》
(➡p.22)
三角筋《さんかくきん》
(➡p.24)
大胸筋《だいきょうきん》
(➡p.26)
腸腰筋《ちょうようきん》
(➡p.62)
内転筋群《ないてんきんぐん》
(➡p.66)
大腿筋膜張筋《だいたいきんまくちょうきん》
(➡p.68)
大腿《だいたい》四《し》頭筋《とうきん》
(➡p.70)

体が硬い人の見えないリスク

読者の中には、「体が硬くても、日常生活で困ることないよね」と、お考えの人もいるかもしれません。

しかし、それは大きな間違いです。自分で気づいていないだけで、実は体が硬いことが、さまざまな不調の原因になっている可能性もあるのです。

たとえば、

- 両手を後ろで組めない⬇「四十肩」の原因
- 前屈で指先が床につかない⬇「猫背」の原因
- 開脚できない⬇「腰痛やひざ痛」の原因

そこで本書では、私のストレッチトレーナーとしての経験と知識から得た、体が硬いことで発生する健康リスクについても説明します。

これらの知識と、自分が伸ばすべき筋肉がわかる「柔軟性のＣＨＥＣＫ」を組み合わせれば、ストレッチによってやわらかな体を手に入れることも十分可能です。

体が硬いだけで、
さまざまな不調の原因になる

両手を後ろで組めない

↓

大胸筋が硬い

↓

「四十肩」の原因

前屈で指先が床につかない

↓

ハムストリングスが硬い

↓

「猫背」の原因

開脚できない

↓

内転筋群が硬い

↓

「腰痛やひざ痛」の原因

柔軟性をアップする3つのアプローチ

たとえば、子どもの頃から前屈ができなかった人が、毎日何度も前屈を続けたら、床に指先がつくようになるでしょうか。多少はなるかもしれませんが、あまり効果は期待できません。それよりも、前屈ができないのは、どこの筋肉が硬いかを知り、該当する筋肉のストレッチをしたほうがはるかに効果的です。

もし、あなたの体が硬くて、何をやってもやわらかくならないとすれば、次の3つの原因が考えられます。

1. 自分が伸ばしやすい箇所のストレッチばかりして、本当に必要な筋肉を伸ばせていない
2. ストレッチのやり方が間違っていて、筋肉を伸ばせていない
3. ストレッチに入る前に必要な「体を伸ばす準備」ができていない

そこで本書では、冒頭に出てきたような「本当に体が硬い人」に向けて、これら3つの落とし穴すべてを考慮した、「どんなに体が硬い人でも、柔軟な体に生まれ変わるストレッチ」をご紹介します。

体をやわらかくするための
3つのアプローチ

1

自分の体の中で、
どこの筋肉が硬いかを知る

体が硬いと思っている人でも、すべての筋肉が硬いというわけではありません。まず、本書のCHECK（上半身6点、下半身7点）をすべてクリアしてください。そうすれば、どこの筋肉が硬いかが判明し、本当に必要なストレッチが見えてきます。

2

解剖学的に正しいストレッチを、
硬い部位の筋肉に絞って行う

いくら一生懸命にストレッチをしても、解剖学的に正しくなければ、効果は期待できません。本当に「アプローチすべき筋肉」のストレッチを、筋肉ごとに紹介していきます。本書のすべてのストレッチをしなくても、硬い部位の筋肉だけに行っても構いません。

3

ストレッチ前にマッサージをし、
体の準備をする

いきなりストレッチをしても、体が驚いてしまいます。ストレッチをする前に、マッサージで筋肉を温めておくことが大事です。事前にマッサージをするかどうかで、たとえストレッチの秒数や回数が同じでも、効果が格段に違います。

最強ストレッチ！ 3つのステップ

まずは上半身と下半身の柔軟性のＣＨＥＣＫをひと通りしてみて、自分の筋肉の硬い部位を知りましょう。本書では、3つのステップで特定の筋肉の部位にアプローチすることで、最大限の効果が期待できます。

ステップ1では、ストレッチをする前のベースを整えるためにマッサージを行います。マッサージをすることで静的ストレッチの効果を長持ちさせたり、より効果的にしたりします。

次に、ステップ2では、動的ストレッチ（ダイナミックストレッチ）を行うことで、関節の動きをスムーズにします。関節の中には滑液《かつえき》（骨のまわりを囲った潤滑油の役割をする液体）があり、少なくなると関節の動きが悪く（関節がサビついている状態）なります。動的ストレッチをすることによって、その部位の滑液の分泌を促し、動きがスムーズになります。

最後に、ステップ3では、静的ストレッチ（スタティックストレッチ）を行って筋肉を伸ばしてやわらかくします。ここでは、体が硬い人は「ソフト」、体がやわらかい人は「ハード」を行うことで、それぞれの体の柔軟性に合わせて、最大限の効果を期待できます。

体がやわらかくなる、3つのステップ

❶ マッサージ

筋肉を前腕で押したり、指で押したりつまんだりして、血液や酸素の流れを促し、ストレッチ前のベースを整える。

❷ 動的ストレッチ

体をダイナミックに動かして、サビついた関節を滑らかにする。エクササイズに似た動き。

体が硬い人

❸ 静的ストレッチ（ソフト）

硬くなった筋肉を静かに伸ばす。

Point

ストレッチは呼吸を止めず、自然呼吸か息を吐きながら行います。息を止めると筋肉が思うように伸びません。

体がやわらかい人

❸ 静的ストレッチ（ハード）

伸ばした筋肉を、さらに伸ばし、やわらかくする。

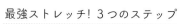

第1章

上半身をやわらかくする

一日中デスクワークを続けていると、
上半身の筋肉が硬くなって、血流が滞ってしまいます。
首や肩のコリ、腕のダルさなどで悩む人に、
筋肉別におすすめのストレッチを紹介しましょう。

＼これできますか？／

CHECK1

胸鎖乳突筋

うつ伏せになって両手の指を重ねて、薬指の上にあごがのりますか？

うつ伏せになって両ひじを曲げ、両手の指を重ねてあごをのせてみてください。このとき、あごが薬指の上にのりますか。あごが親指側にしかのらない人は「肩の筋肉が硬い」ことも原因のひとつですが、大きな原因は首のあたりの筋肉「胸《きょう》鎖《さ》乳《にゅう》突《とつ》筋《きん》」の柔軟性にあります。

胸鎖乳突筋は首の両側にある太い筋肉で、耳の後ろから鎖骨まであります。ここが硬いと、首の血流が滞り、酸素が巡りにくくなります。硬いままにしておくと、首コリに悩むことになります。パソコンやテレビの画面を見続けて、首の位置を固定している人に多いです。

胸鎖乳突筋は、左右に首をねじるときなど、クロールの息継ぎのときに使われる筋肉です。もし、首まわりを動かす機会が少ない人は、ストレッチでやわらかくしていきましょう。

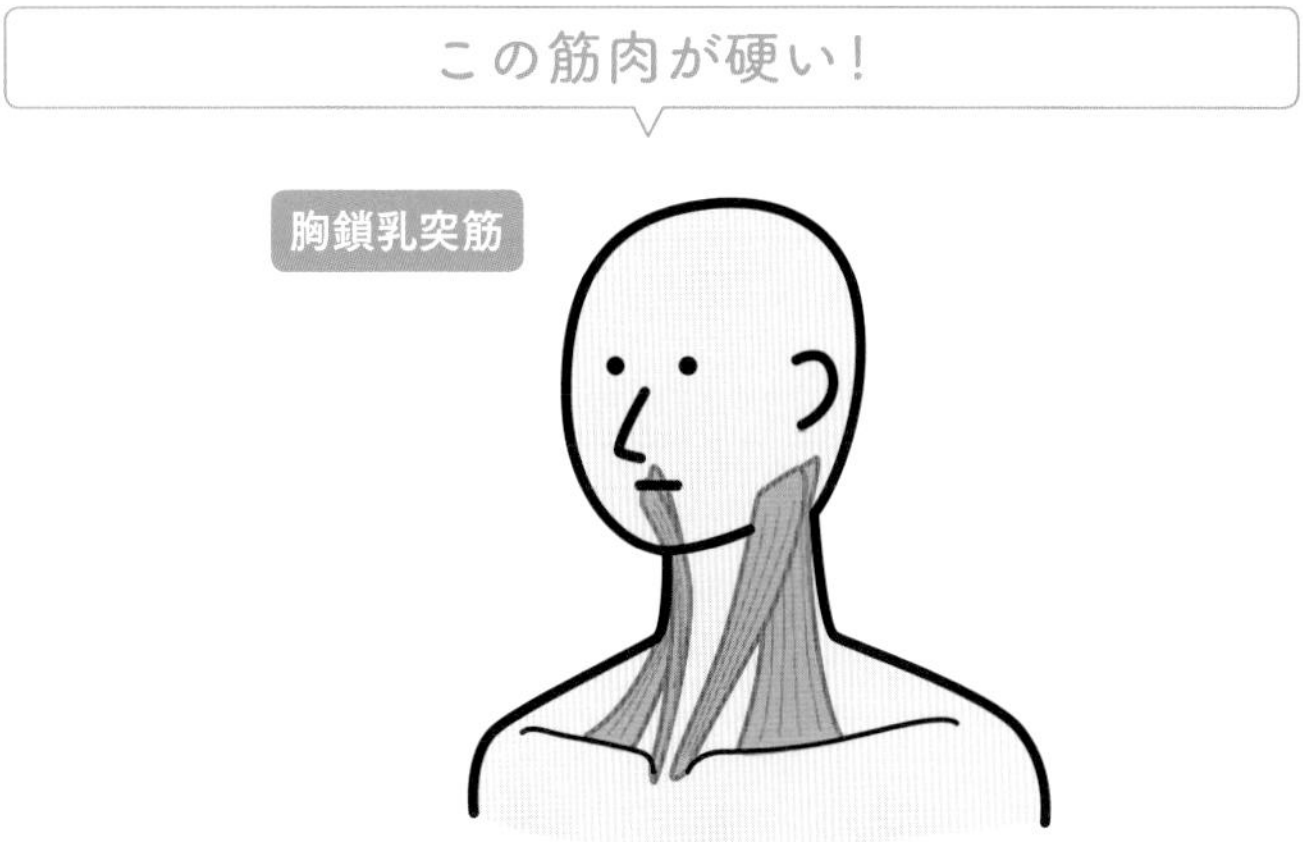

胸鎖乳突筋のストレッチ➡p.36

☑薬指の上にあごがのる ➡ 体がやわらかい人

○

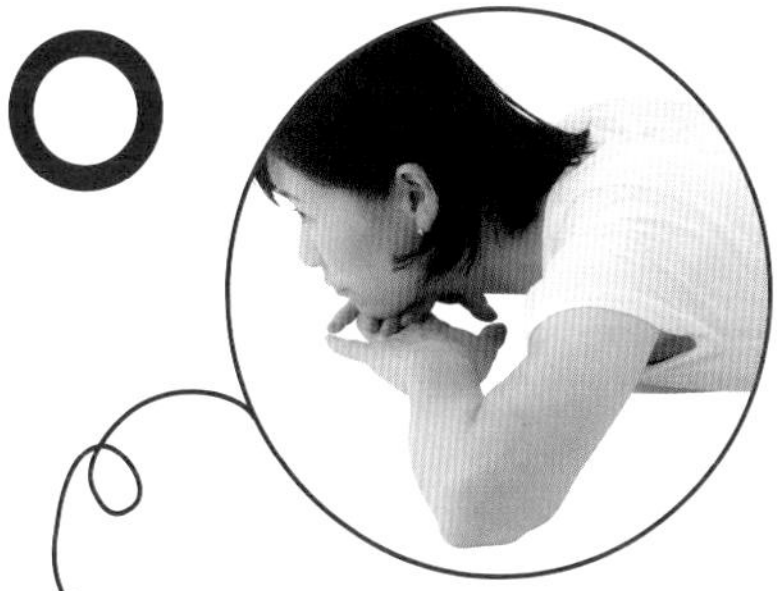

両指は同じ指同士で重ね、
薬指の上にあごがのる

☑薬指の上にあごがのらない ➡ 体が硬い人

✕

親指と人さし指の
間までしか、
あごがのらない

要注意！

- 首コリ。
- 首の血流が滞ると、頭痛につながることも。

＼これできますか？／

CHECK 2

三角筋

片腕を背中へまわして、もう片方のひじをつかめますか？

脚は軽く開いて立ち、片方の腕を背中へまわしてひじを曲げ、もう片方の腕のひじをつかんでみてください。このとき、ひじがつかめますか。ひじがつかめない人は「腕の筋肉が硬い」ことも原因のひとつですが、大きな原因は肩の筋肉「三《さん》角筋《かくきん》」が硬いことにあります。

三角筋は肩関節の外側についている筋肉で、硬いと腕を前後・上下に動かす力が低下し、腕全体の動きが悪くなります。そうなると、血流が滞り、腕や肩がダル重になってしまいます。特にデスクワークの人に多い傾向で、パソコンを使ったり書類を読んだりすることが長時間続くと、腕が肩の内側に入り込み、三角筋が硬くなります。

仕事の合間に、肩をまわす人は多いですが、一時的に血流がよくなるだけで、改善にはつながりません。

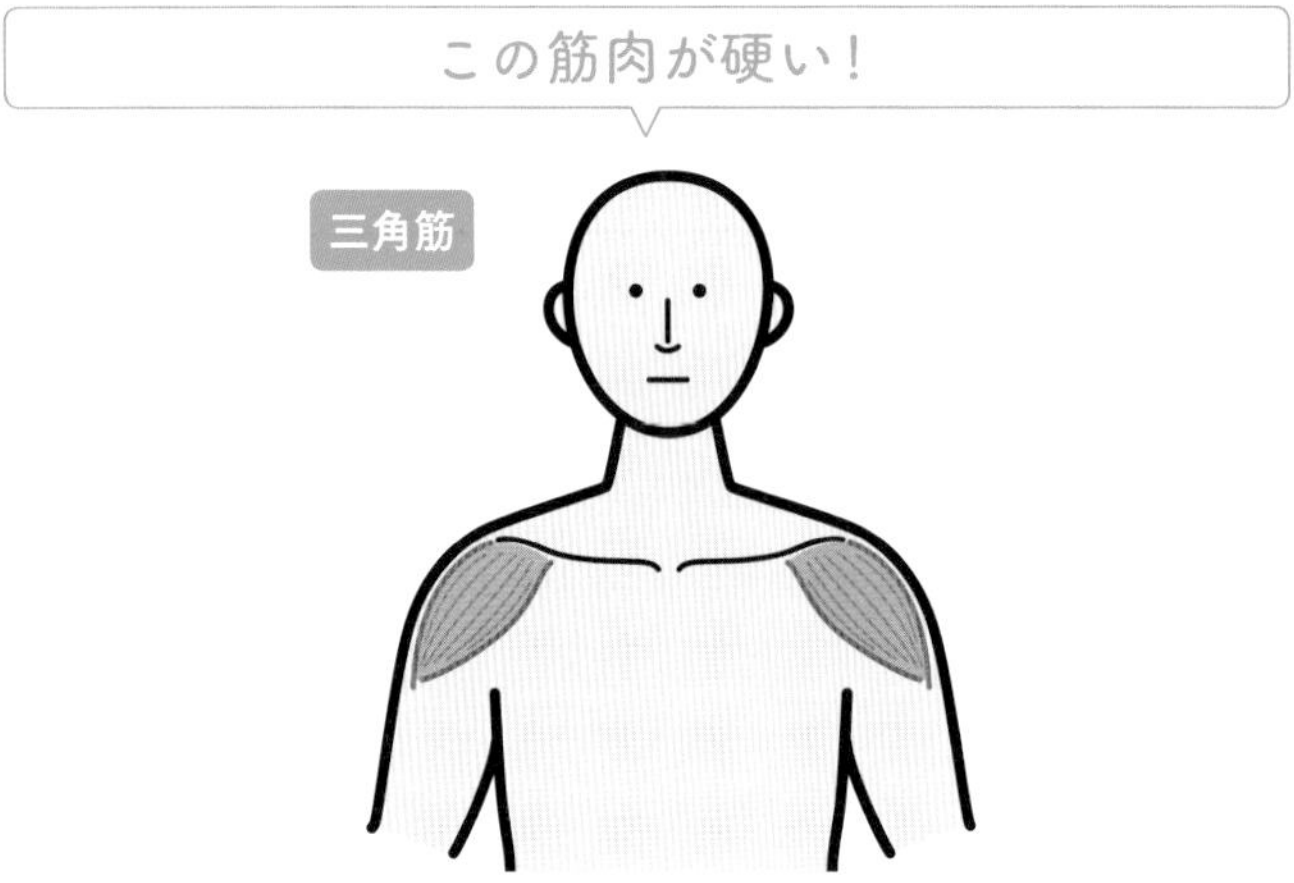

三角筋のストレッチ➡p.40

☑ひじをつかめる ➡ 体がやわらかい人

○

ひじの内側をつかむ

肩は床と平行で、
ひじが体の
内側へ入る

☑ひじをつかめない ➡ 体が硬い人

×

片側の肩が上がり、
ひじが体の内側まで
入らない

要注意！

- 腕の前後・上下の可動域が狭くなる。
- 腕がダルくなったり、重くなる。
- 肩が腕の内側に入り、肩もダル重になる。

これできますか？

CHECK 3

大胸筋

両腕を背中へ上下からまわして、両手の指先がつきますか？

脚は肩幅に開いて立ち、片方の腕を上から背中へまわし、もう片方の腕を下から背中へまわしたとき、上下の指先がつきますか。上下の指がつかない人は「背中や肩の筋肉が硬い」ことも原因のひとつですが、大きな原因は胸の筋肉「大胸筋《だいきょうきん》」が硬いことにあります。

大胸筋は胸の大きな筋肉で、肩関節とつながっていて、腕を前に動かしたり、内側にねじったりする働きをします。この筋肉が硬くなると、肩関節が前に出て巻き肩になり、肩甲骨の動きが悪くなってしまいます。

大胸筋のストレッチを行えば、肩関節が前にズレるのを防いで正常な位置に整えられ、肩や腕の重みから解放されます。

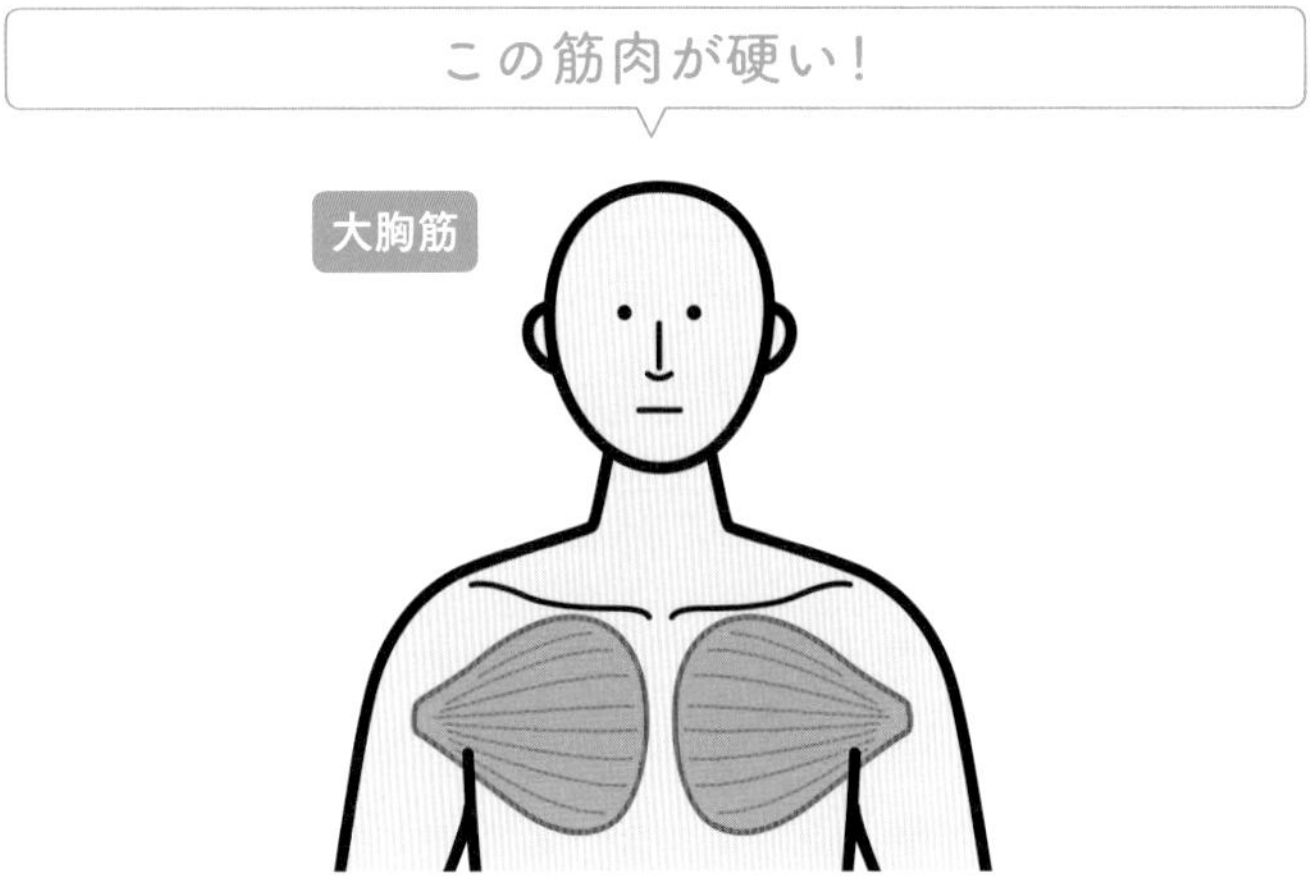

大胸筋のストレッチ➡p.44

☑両手の指先がつく ➡ 体がやわらかい人

○

首の位置は、
まっすぐなまま

背中や腕に
無駄な力を入れなくても、
指先がつく

☑両手の指先がつかない ➡ 体が硬い人

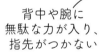

✕

首は前へ倒れがち

背中や腕に
無駄な力が入り、
指先がつかない

要注意！

- 首、肩コリ、四十肩。
- 肩関節が前へ出て、
  肩甲骨の動きが悪くなる。

\これできますか？/

CHECK 4

肩甲下筋

肩に片手をあて、もう片方の手の指先が頭の上まで上がりますか？

脚は軽く開いて立ち、肩に手をあて、反対側の腕を頭の上まで上げてみてください。このとき、腕が高く上がりますか。腕が上がらない人は、実は肩甲骨の裏側にある筋肉「肩甲下《けんこうか》筋《きん》」が硬いことに原因があります。

肩甲下筋は、腕を内側へ動かすときに使われる筋肉です。ここが硬いと、巻き肩になります。巻き肩は肩関節が前にズレて、猫背のような状態になることです。背骨はきれいなS字ラインを描くことができず、肩コリや腰痛などを引き起こしてしまいます。

猫背のような状態が続くと、背中に脂肪がつきやすくなり、さらに猫背になるという負のスパイラルに陥《おち》ります。

また、頭が前に出ることから、胸が圧迫されて呼吸も浅くなり、疲れやすい体になります。

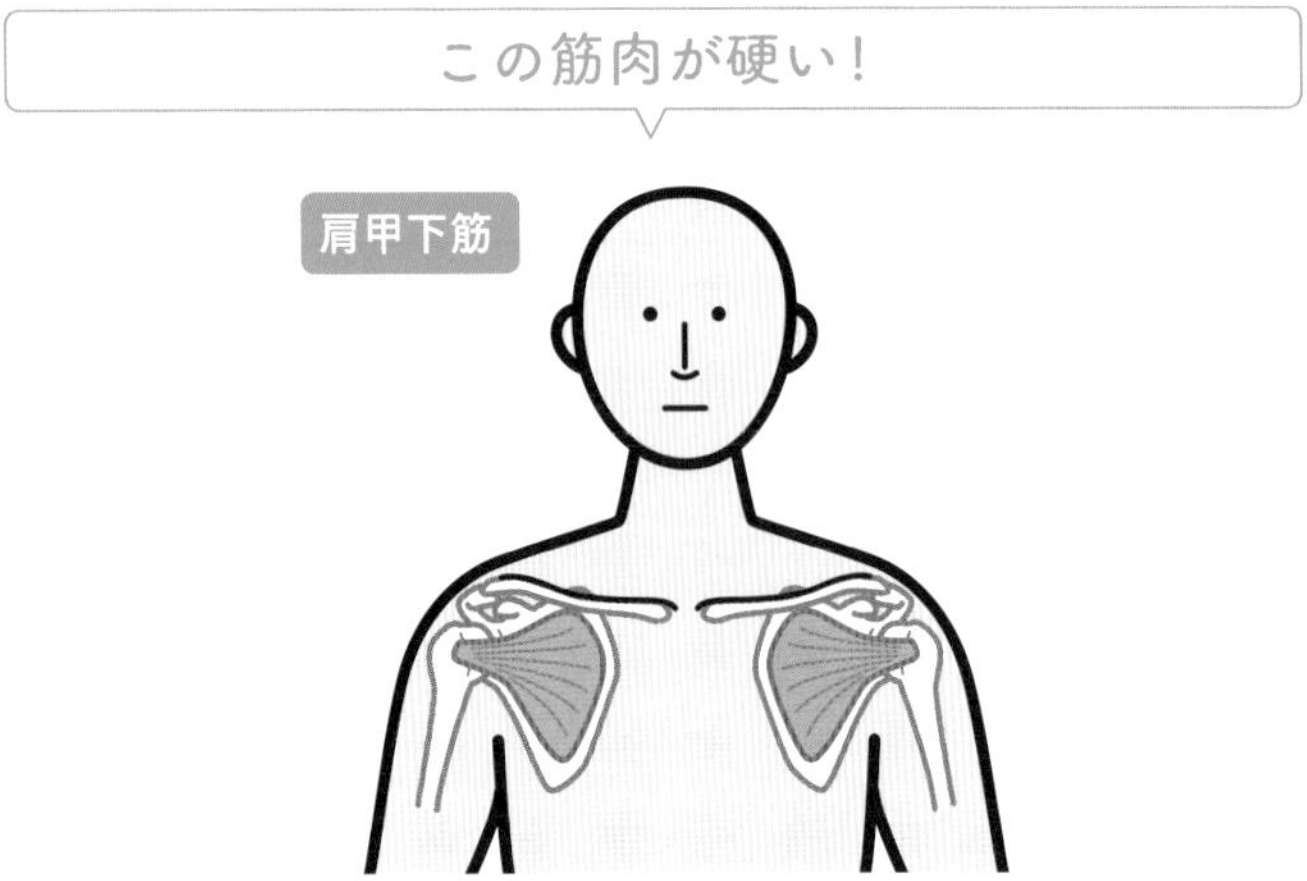

肩甲下筋のストレッチ➡p.48

☑指先が頭の上まで上がる ➡ 体がやわらかい人

○

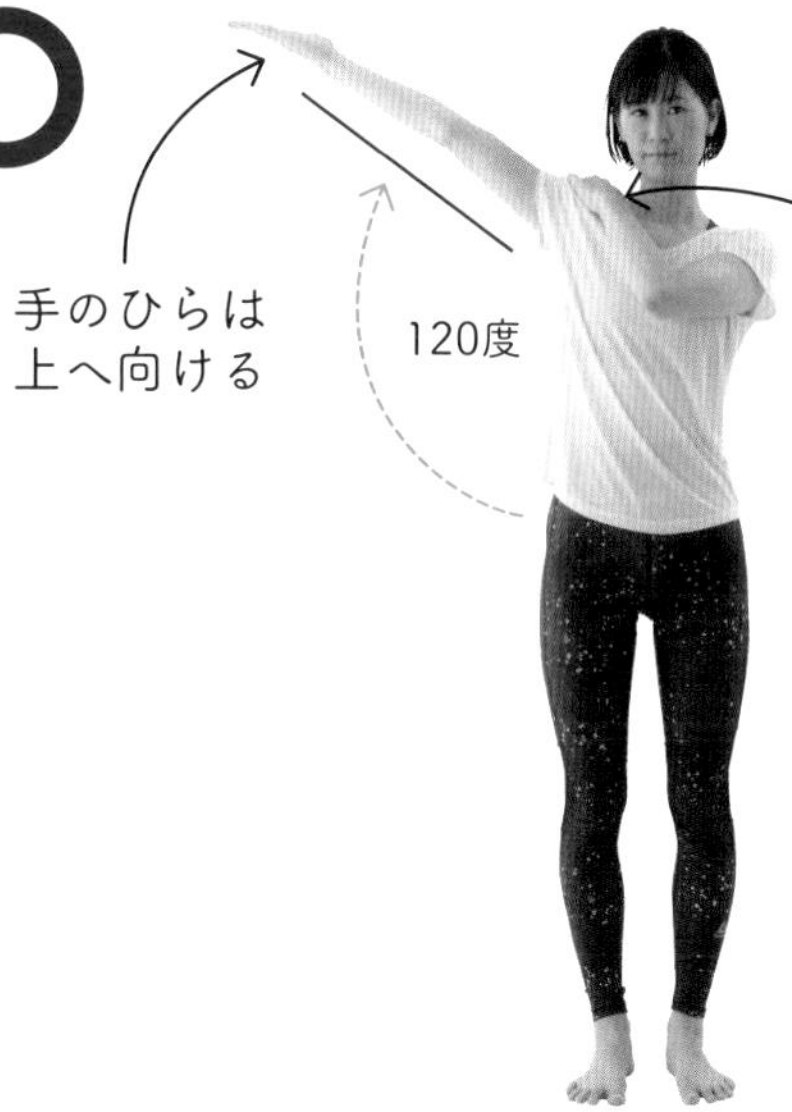

手のひらは
上へ向ける
120度
肩甲骨が動かないように
サポート（補助として押さえる）

☑指先が頭の上まで上がらない ➡ 体が硬い人

×

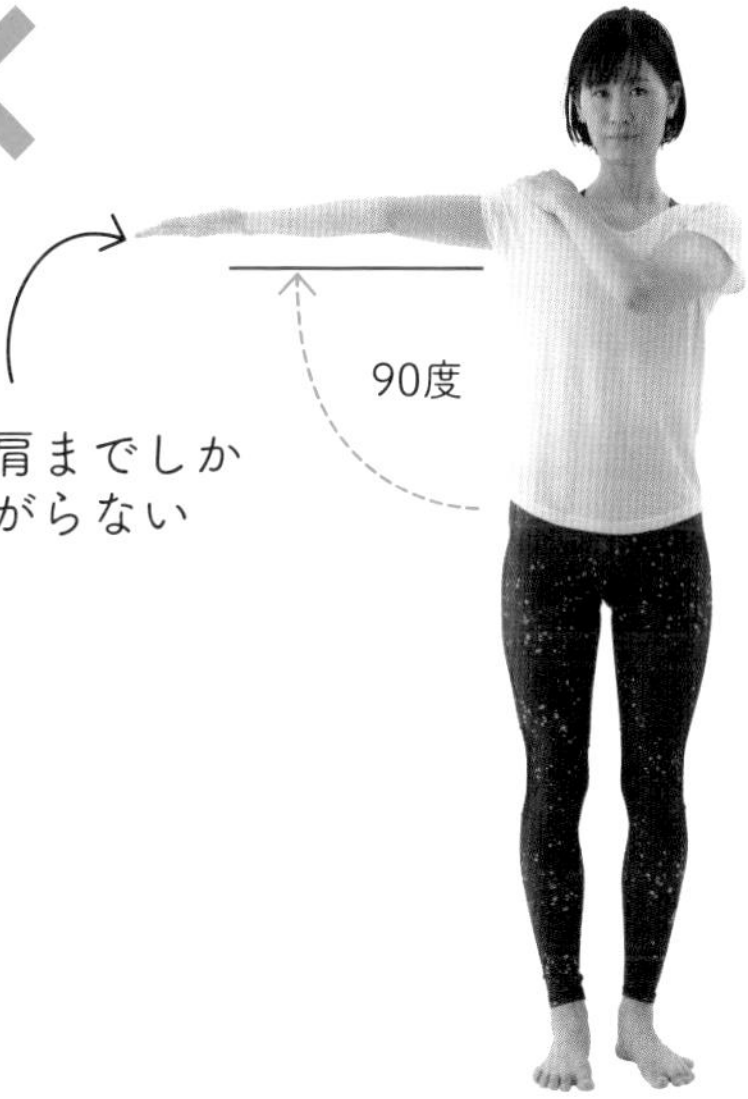

腕が肩までしか
上がらない
90度

要注意！

- 巻き肩、肩コリ、腰痛。
- 背中に脂肪がつきやすくなる。
- 頭が前に下がり、呼吸が浅くなり、疲れやすくなる。

＼これできますか？／

CHECK 5

上腕二頭筋

両手を組んで後ろへ大きく振ったとき、まっすぐに立てますか？

脚は軽く開いて立ち、両手を組んで後ろへ大きく振って伸ばしてみてください。このとき、背筋をまっすぐに保って立っていられますか。まっすぐ立てず上半身が前のめりになる人は、実は腕の上部にある筋肉「上腕《じょうわん》二《に》頭筋《とうきん》」が硬いことに原因があります。

上腕二頭筋は、いわゆる力こぶができるところの筋肉です。腕を曲げる働きがあり、デスクワークの人なら例外なく硬くなっています。ここが硬くなると腕の血流が滞り、腕がダルくなってしまいます。

また、上腕二頭筋が硬くなると、肩関節が前にズレて巻き肩になり、首に負担がかかり、姿勢が悪くなって、背中に脂肪がつきやすくなります。

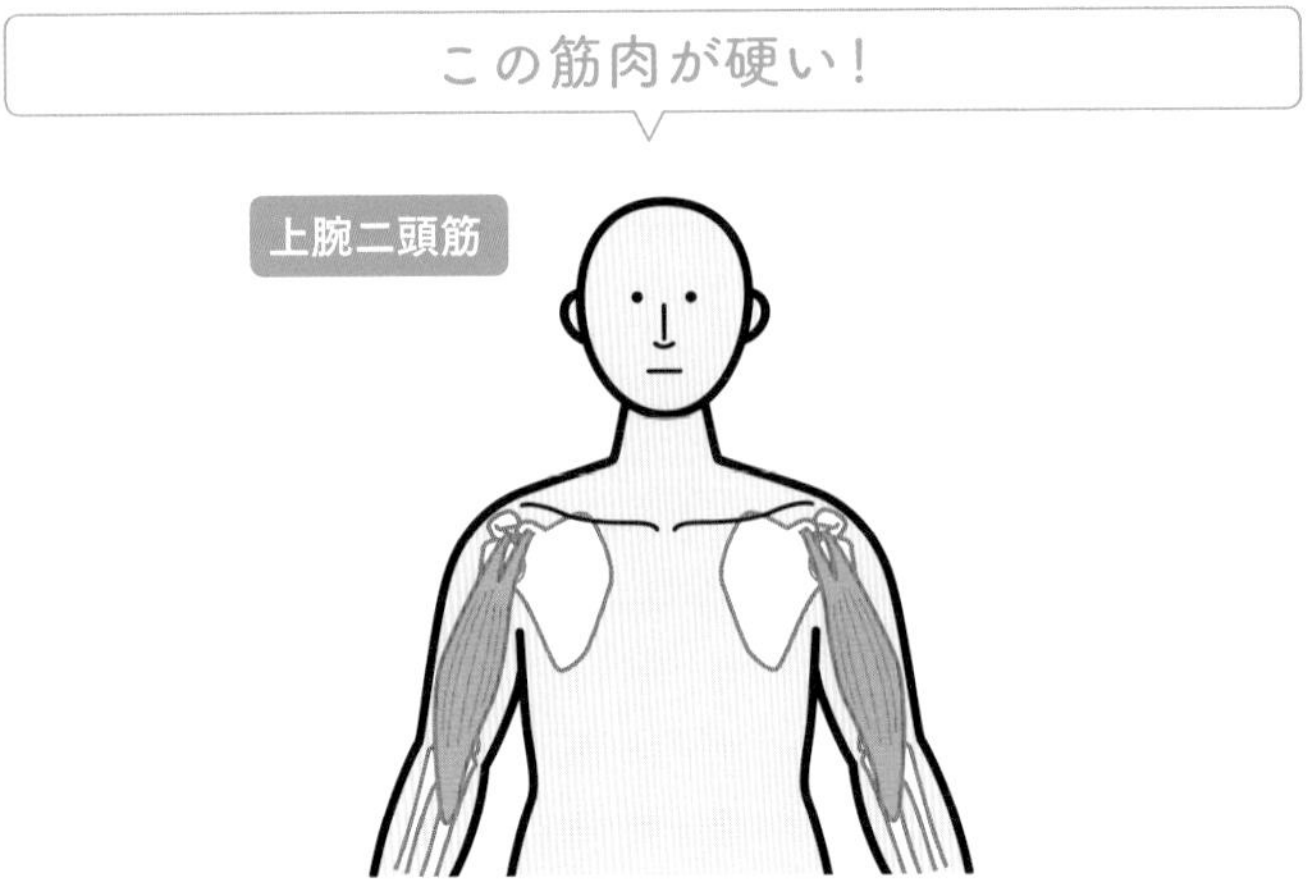

上腕二頭筋のストレッチ➡p.52

☑まっすぐに立てる ➡ 体がやわらかい人

○

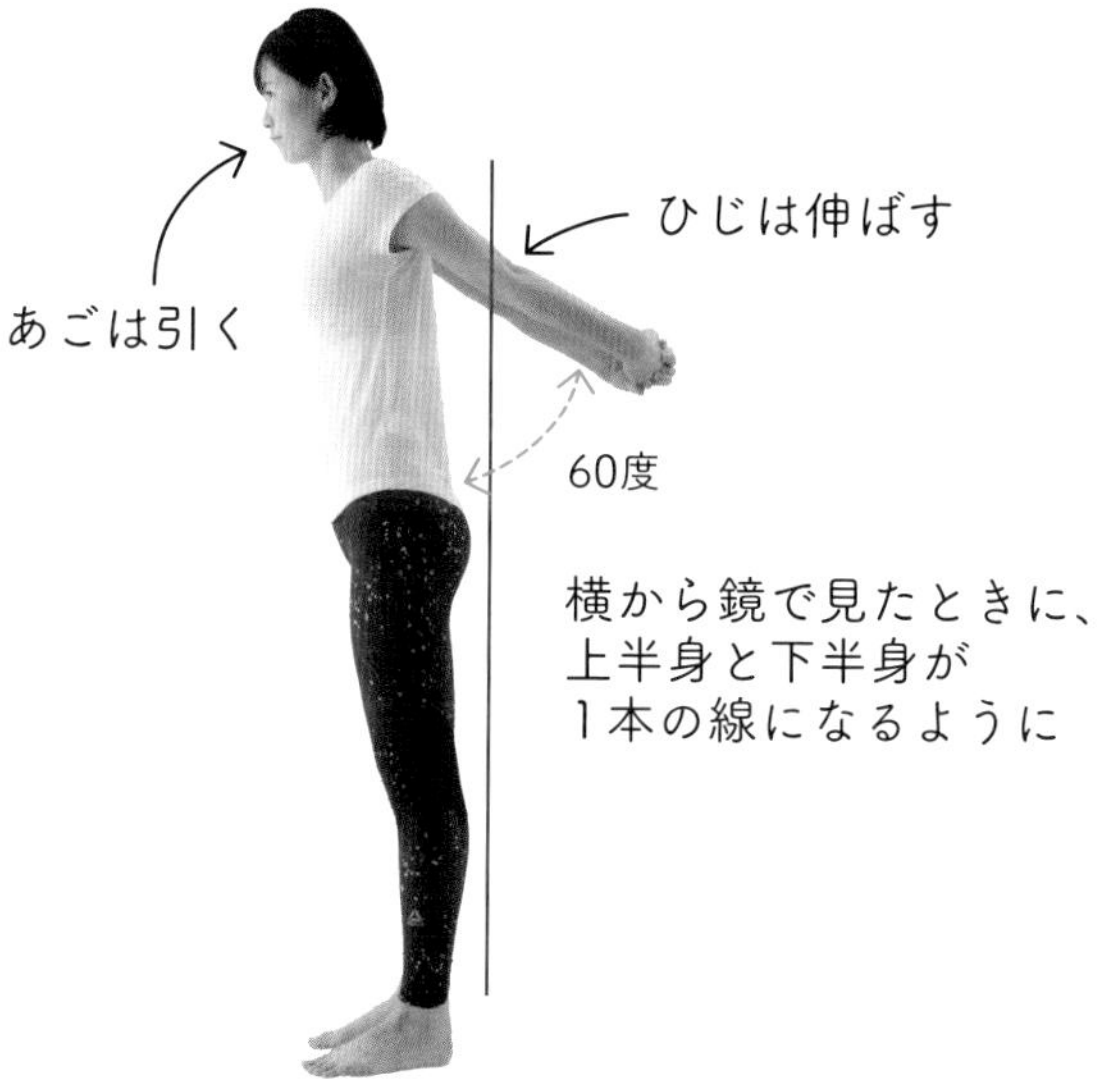
あごは引く
ひじは伸ばす
60度
横から鏡で見たときに、
上半身と下半身が
1本の線になるように

☑上半身が前のめりになる ➡ 体が硬い人

×

首が前に倒れがち
上半身が前へ倒れ、
背中が丸くなる

要注意！

- 姿勢が悪くなり、首に負担がかかる。
- 肩関節がズレ、巻き肩になる。
- 背中に脂肪がつきやすくなる。

\これできますか?/

CHECK 6

広背筋 壁を背にして立ち、両腕を上げたとき、親指の先が壁につきますか?

壁を背にして脚を軽く開いて立ち、両腕で耳をはさむようにして、腕を高く上げてみてください。このとき、親指の先が壁につきますか。親指の先が壁につかない人は「肩の筋肉が硬い」ことも原因のひとつですが、大きな原因は背中にある大きな筋肉「広背筋《こうはいきん》」が硬いことにあります。

広背筋は脇を締めたり、ものを引っ張ったりするときに働く、体の中でもっとも面積の広い筋肉です。日常生活ではあまり使われない筋肉で、普段運動をしていない人や猫背の人は、この筋肉が硬くなっています。

広背筋が硬くなると、骨盤と背骨の動きが悪くなって背中や腰が張り、肩コリにもつながります。また、硬い状態が進むと、腰まわりに違和感を覚えることもあるでしょう。

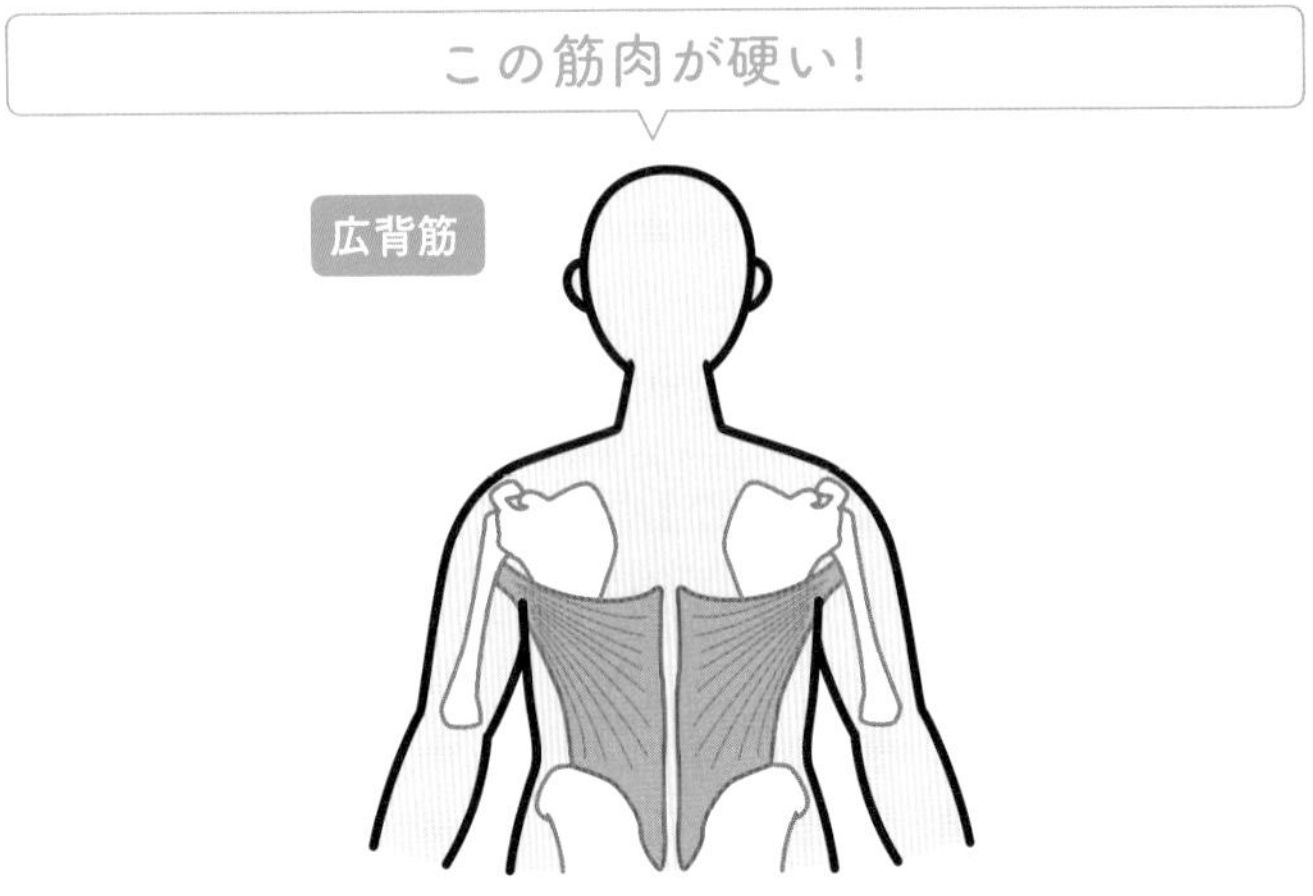

広背筋のストレッチ➡p.56

☑ 親指の先が壁につく ➡ **体がやわらかい人**

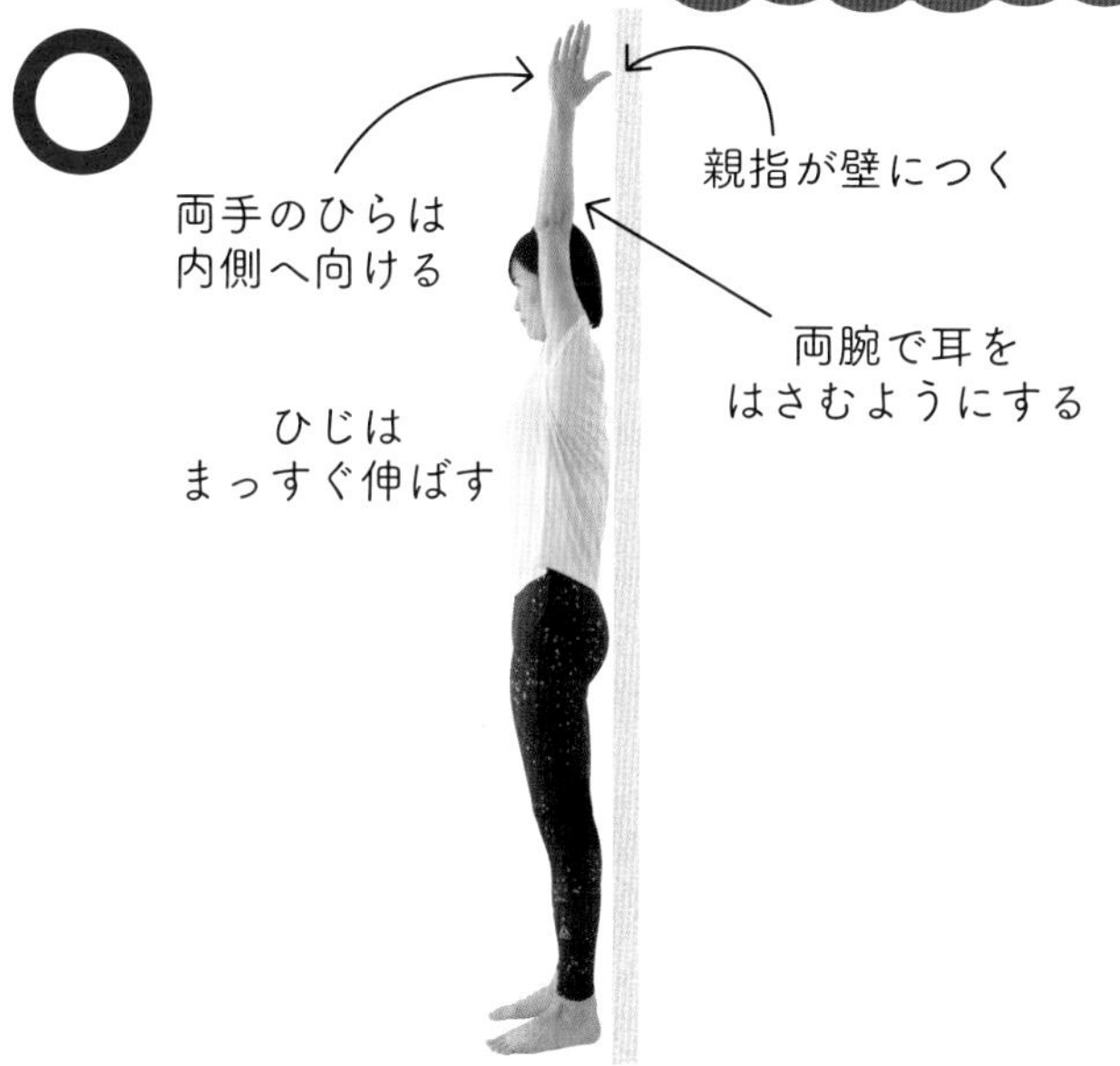
○
両手のひらは
内側へ向ける
親指が壁につく
両腕で耳を
はさむようにする
ひじは
まっすぐ伸ばす

☑ 親指の先が壁につかない ➡ **体が硬い人**

×
両腕が
上がりきらない
首筋や両肩に
無理な力が入る
ひじが曲がりがち

要注意！

- 背中の張り、四十肩。
- 肩関節から腰までの可動域が狭まる。

あなたの上半身の柔軟性は？

次の6つのCHECKをして、○×をつけてみましょう。
×がある場合は、その部位の筋肉のストレッチをしてやわらかくします。

CHECK1

うつ伏せになって両手の指を重ねて、薬指の上にあごがのりますか？

胸鎖乳突筋を柔軟にする➡p.36〜39

CHECK2

片腕を背中へまわして、もう片方のひじをつかめますか？

三角筋を柔軟にする➡p.40〜43

CHECK3

両腕を背中へ上下からまわして、両手の指先がつきますか？

大胸筋を柔軟にする➡p.44〜47

CHECK 4

肩に片手をあて、もう片方の手の指先が頭の上まで上がりますか？

肩甲下筋を柔軟にする➡p.48～51

CHECK 5

両手を組んで後ろへ大きく振ったとき、まっすぐに立てますか？

上腕二頭筋を柔軟にする➡p.52～55

CHECK 6

壁を背にして立ち、両腕を上げたとき、親指の先が壁につきますか？

広背筋を柔軟にする➡p.56～59

Let's Stretch 1

首コリがスッキリ解消する

《胸鎖乳突筋》をやわらかくするストレッチ

マッサージ

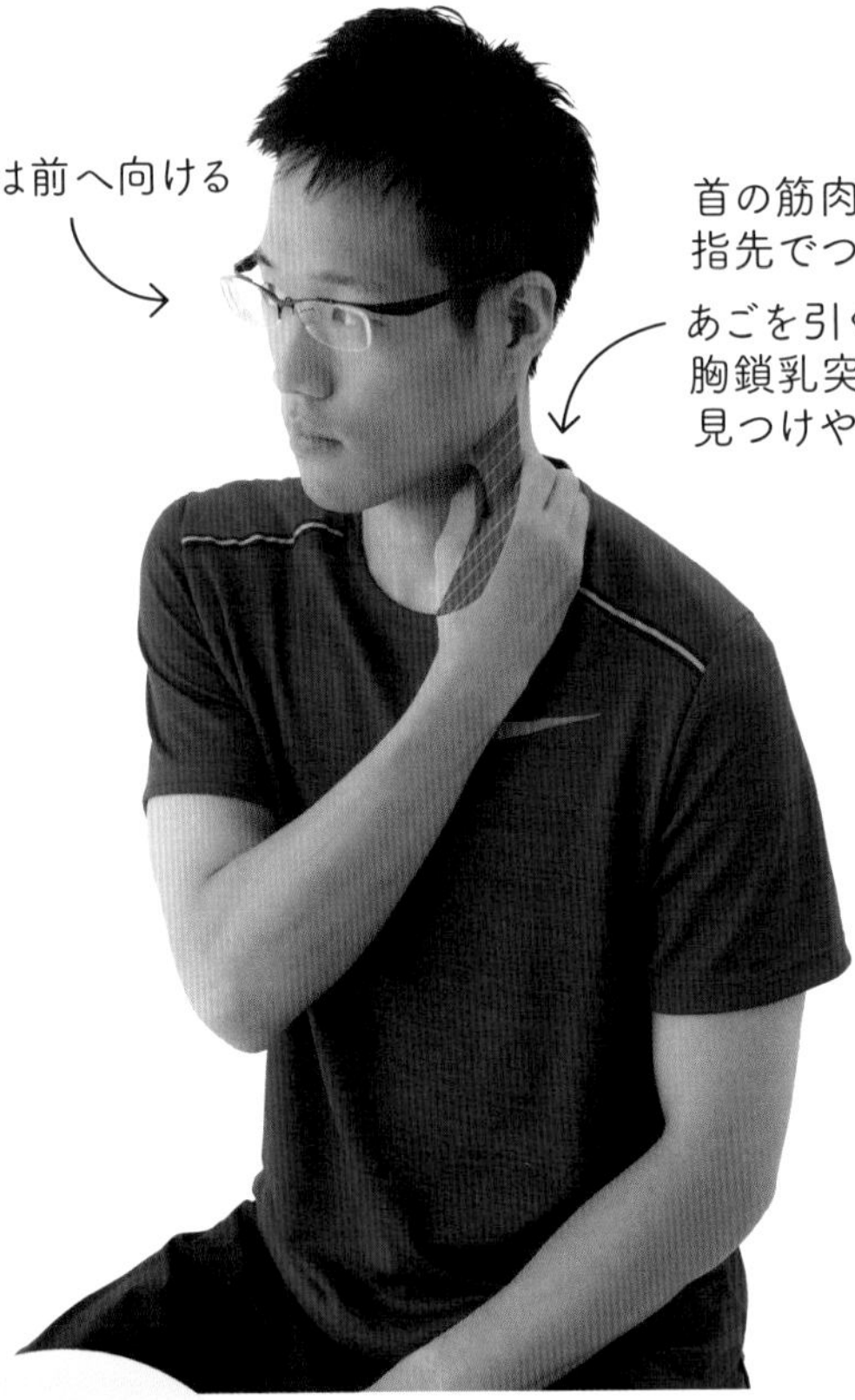

顔は前へ向ける
首の筋肉を、指先でつかむ
あごを引くと、胸鎖乳突筋を見つけやすい

1 左30秒 + 右30秒

椅子に座り、左耳の下の筋肉を右の指先でつかみ、のどにかけて斜めに上から下へ、まんべんなくマッサージする。反対側も同様に。

memo

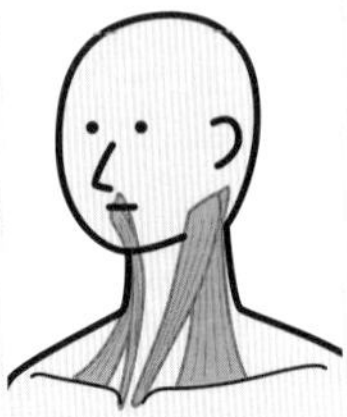

どんな筋肉？

胸鎖乳突筋は首まわりの太い筋肉で、耳の後ろから鎖骨まである。左右へ首をねじるときに使う筋肉。硬くなると、首コリになる。

動的ストレッチ

首の可動域が
広がって
いるのを感じる

上半身は固定したまま、
首だけを動かす

2 左右1セット × 3回

両腕は前へ自然にたらし、両手を軽く組み、首を左右にまわす。

静的ストレッチ（ソフト）

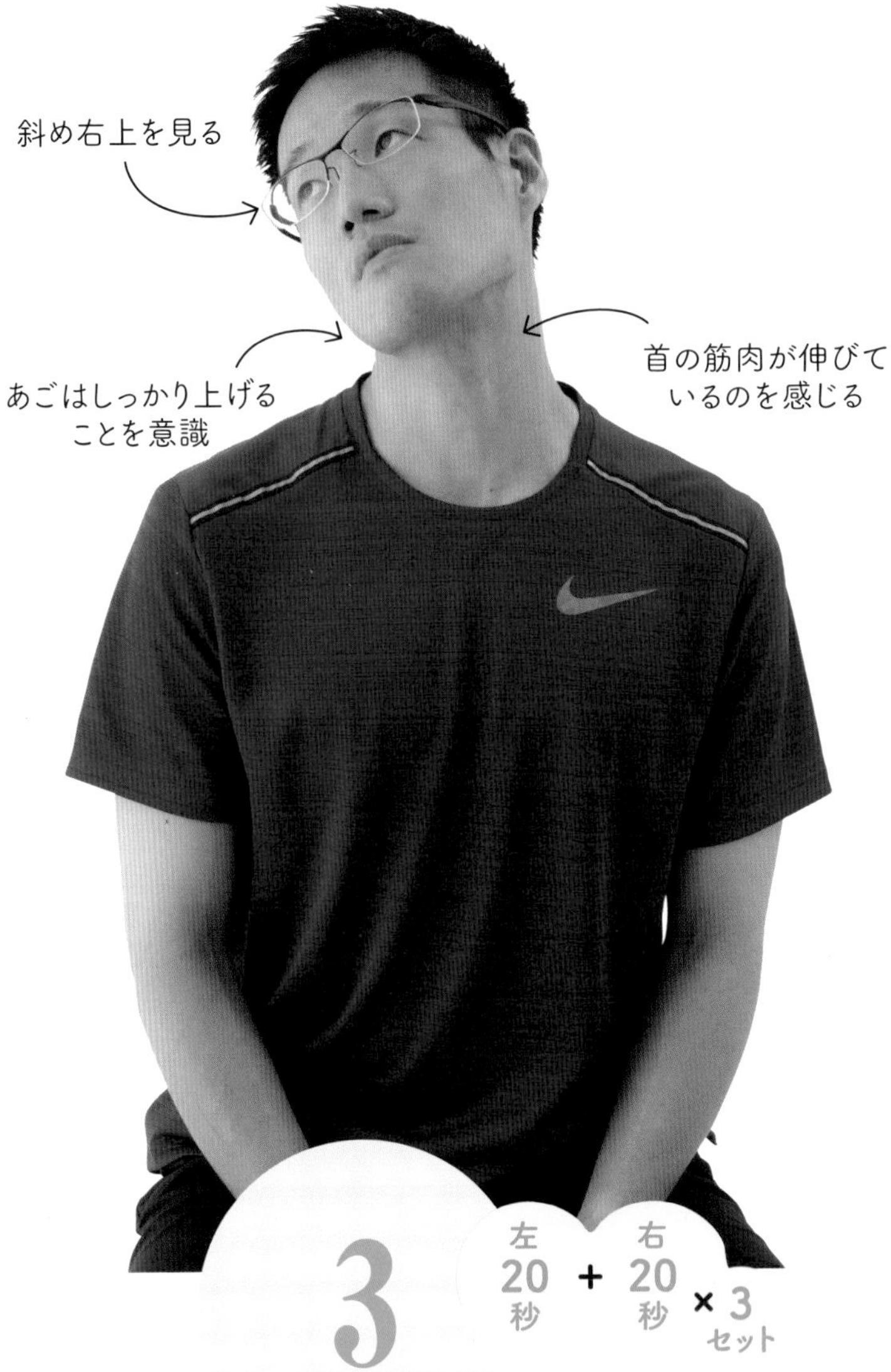
斜め右上を見る
あごはしっかり上げる
ことを意識
首の筋肉が伸びて
いるのを感じる

3

左20秒 ＋ 右20秒 ×3セット

首を右横へ傾けてあごを上げ、目線は斜め右上へ向ける。反対側も同様に。

静的ストレッチ（ハード）

右手で
頭を右横へ傾ける
ことを意識
首の筋肉が伸びて
いるのを感じる
左肩の位置は
固定したままに。
左肩が上がってしまうと、
筋肉は伸びない

後ろから見ると……

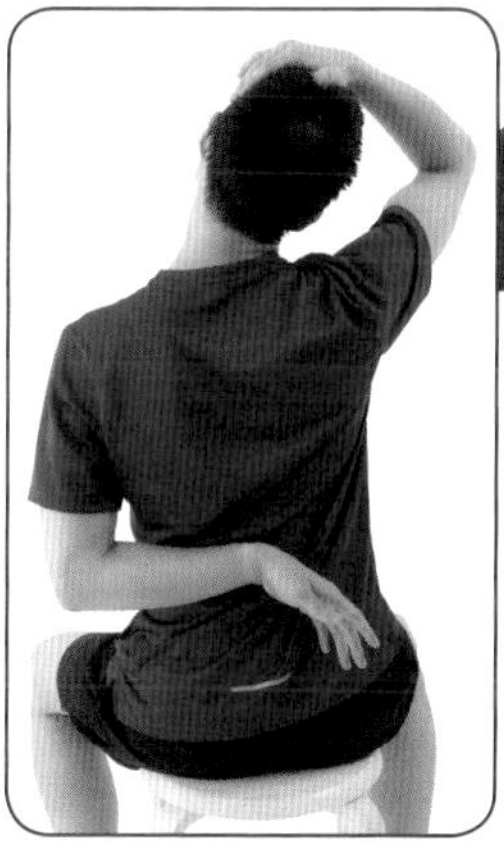

4 左20秒 ＋ 右20秒 × 3セット

左腕は腰のあたりへまわし、手首の力を抜く。右手の指で頭を抱えるようにしながら、首を右横へ傾ける。反対側も同様に。

Let's Stretch

2

腕のダル重が軽減、上げ下げがスムーズになる

《三角筋》をやわらかくするストレッチ

マッサージ

肩まわりの筋肉を
指でつかむ

1

左30秒 + 右30秒

椅子に座り、左肩まわりの筋肉を右手の指でつかみ、前・真ん中・後ろへ、まんべんなくマッサージする。反対側も同様に。

memo

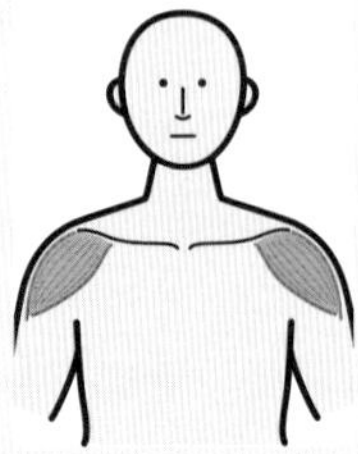

どんな筋肉？

三角筋は肩のまわりの筋肉。肩関節の外側についている。ここが硬くなると、肩を前後・左右に動かしにくくなる。

動的ストレッチ

肩まわりの可動域が
広がっているのを感じる
腕は肩からまわすような
イメージで

2　左　後ろ5回　前5回　＋　右　後ろ5回　前5回

右手は右太ももにあて、左腕は後ろへ大きくまわし、前へ大きくまわす。反対側も同様に。

静的ストレッチ（ソフト）

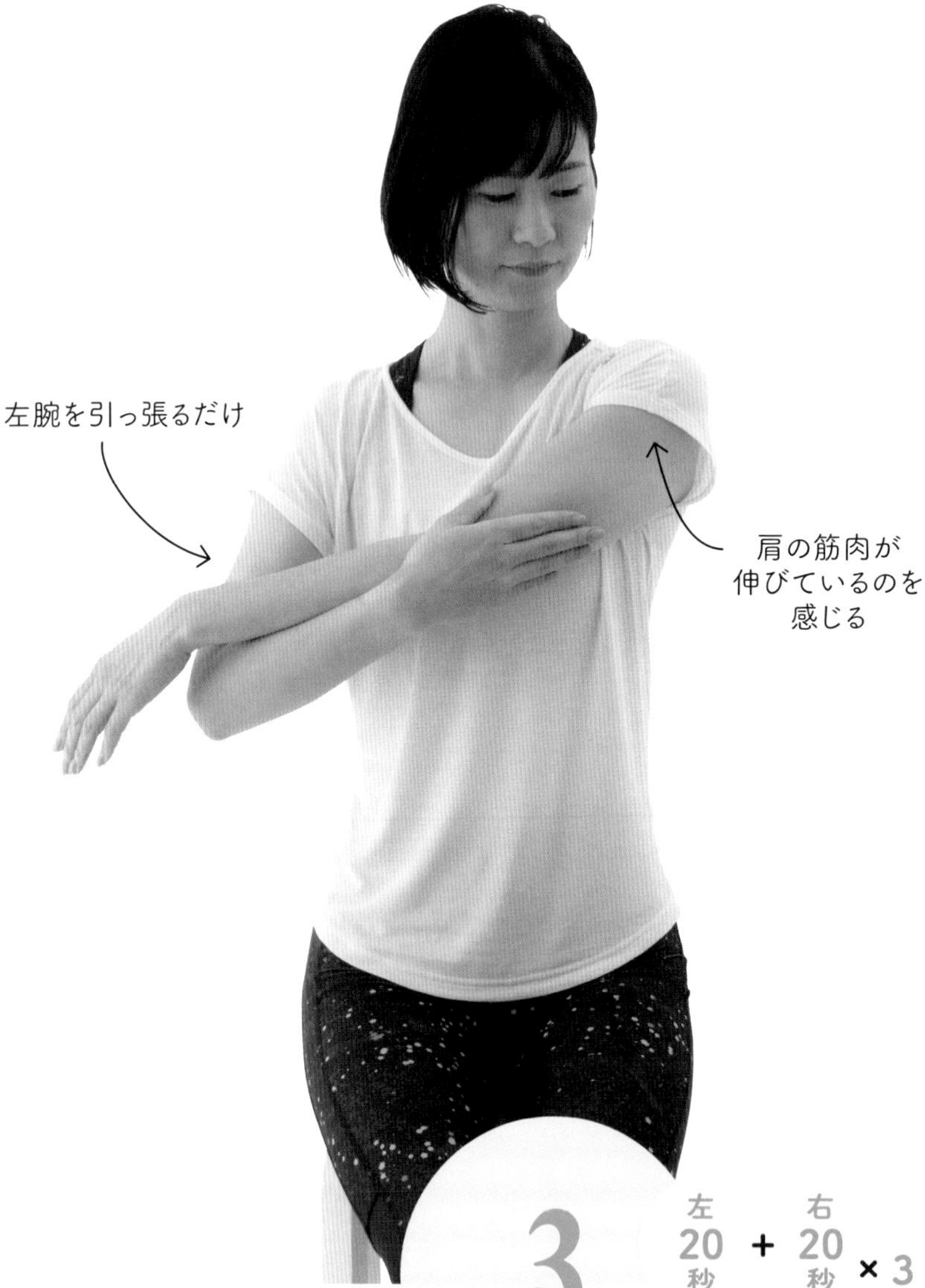

左腕を引っ張るだけ
肩の筋肉が伸びているのを感じる

3　左20秒 ＋ 右20秒 × 3セット

左腕を右手のひらで下から支え、右斜め下へ伸ばす。反対側も同様に。

静的ストレッチ（ハード）

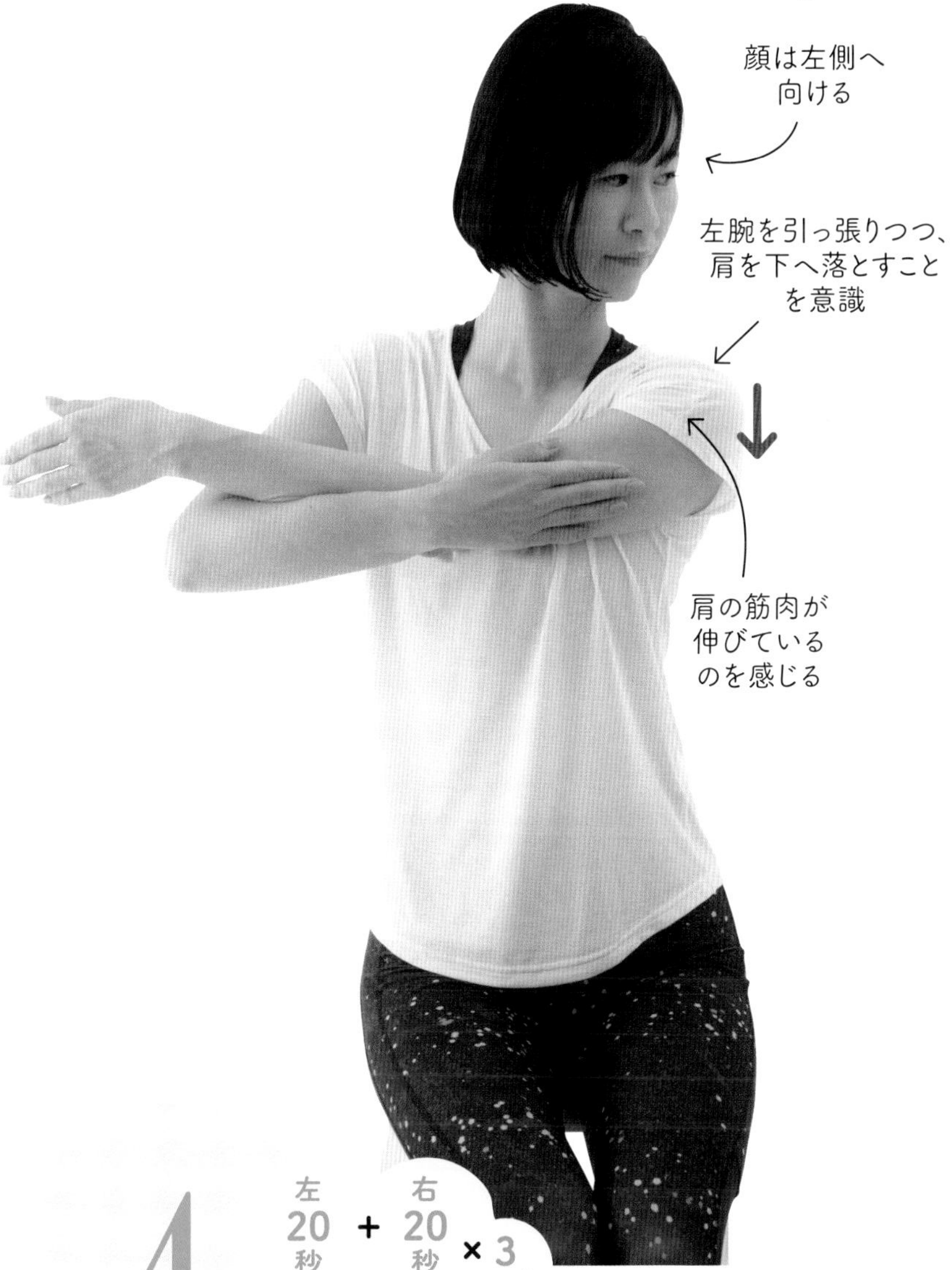
顔は左側へ向ける
左腕を引っ張りつつ、肩を下へ落とすことを意識
肩の筋肉が伸びているのを感じる

4 左20秒 + 右20秒 × 3セット

左腕を右手のひらで下から支え、右へ水平に引っ張りつつ、肩を下へ落とす。反対側も同様に。

Let's Stretch 3

首コリ・肩コリ、四十肩に効果的!

《大胸筋》をやわらかくするストレッチ

マッサージ

鎖骨下から肩甲骨の
上側へ向けて、
下がった皮膚を上げる

1 右30秒 + 左30秒

脚は肩幅に開いて立ち、右の鎖骨下から肩甲骨の上あたりまで、左手の指先で円を描くように、まんべんなくマッサージする。反対側も同様に。

memo

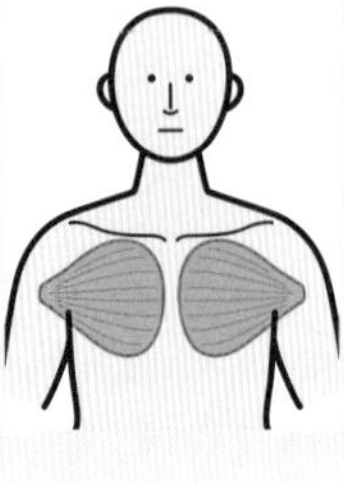

どんな筋肉？

大胸筋は胸の大きな筋肉で、肩関節とつながっている。ここが硬くなると、肩関節が前へズレて胸のほうへ巻き込まれ、肩甲骨の動きが悪くなる。

動的ストレッチ

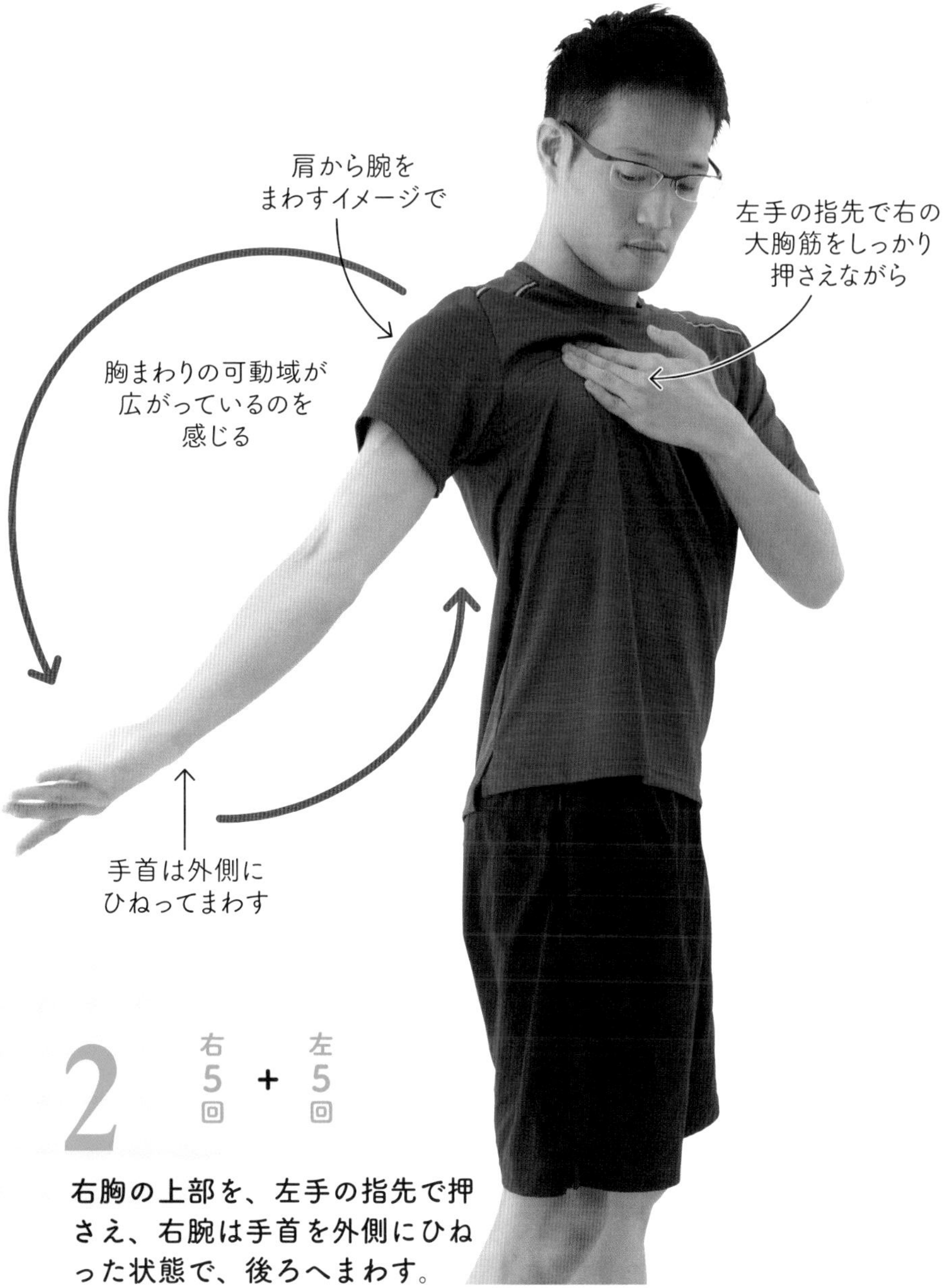
肩から腕を
まわすイメージで
左手の指先で右の
大胸筋をしっかり
押さえながら
胸まわりの可動域が
広がっているのを
感じる
手首は外側に
ひねってまわす

2 右5回 + 左5回

右胸の上部を、左手の指先で押さえ、右腕は手首を外側にひねった状態で、後ろへまわす。

静的ストレッチ（ソフト）

ひじは床と垂直に立てる
胸の筋肉が
伸びているのを感じる
胸を床と平行に
下げていくことを意識
床に手のひらをつける

3　右 20秒 ＋ 左 20秒 × 3セット

椅子に右手をあて、脚は肩幅に開き、四つんばいになる。右ひじは床と垂直に立て、胸を床に近づけるようにする。反対側も同様に。

静的ストレッチ（ハード）

顔は左側へ向ける
胸の筋肉が
伸びている
のを感じる
足の位置
「レ」の字に
立つ
壁

4

右20秒 ＋ 左20秒 × 3セット

壁の角に向かって「レ」の字になるように立つ。右手のひらで壁を押すようにする。反対側も同様に。

Let's Stretch

4

巻き肩が改善し、姿勢がよくなる

《肩甲下筋》をやわらかくするストレッチ

マッサージ

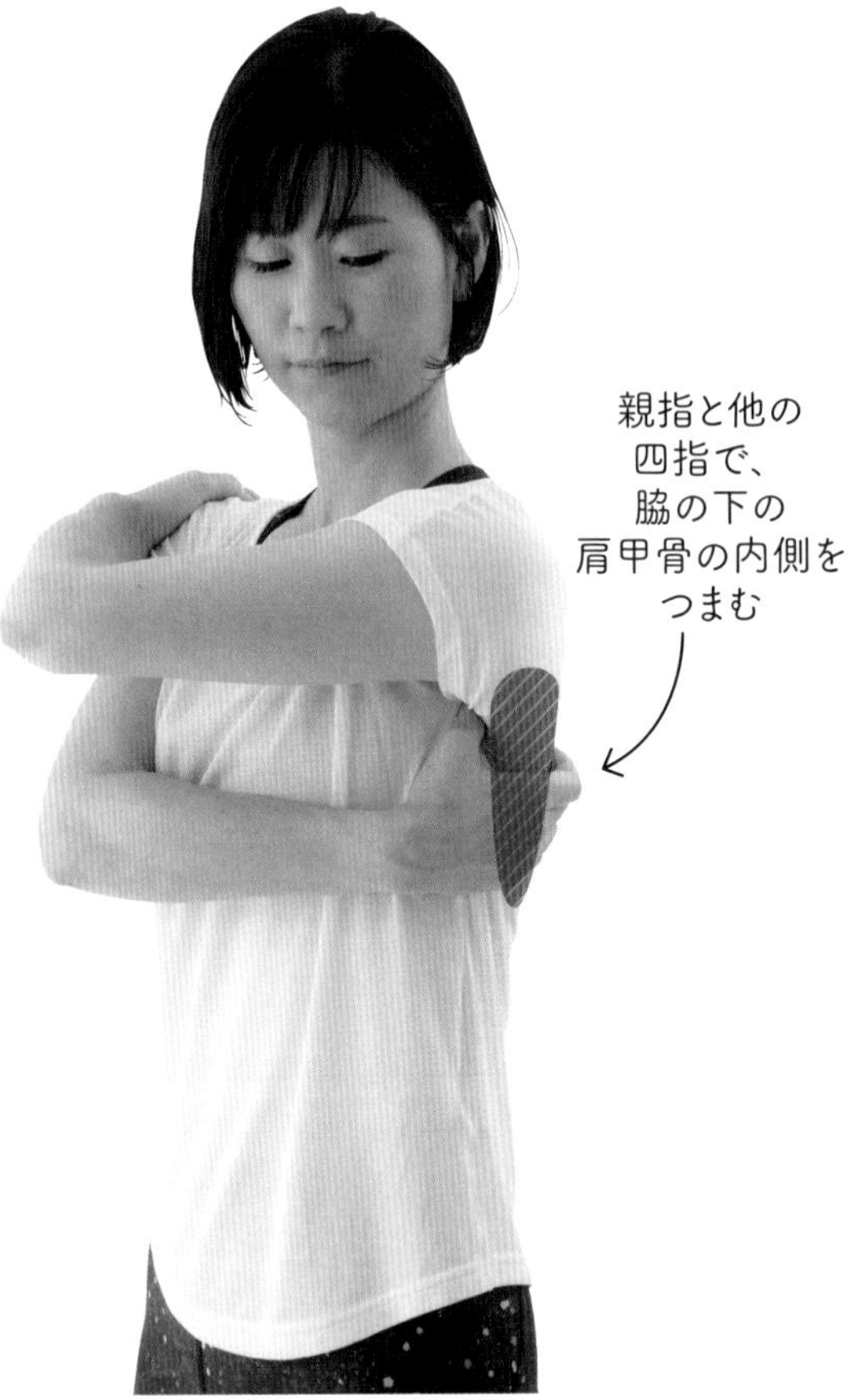

1

左 30秒 ＋ 右 30秒

脚は軽く開いて立ち、左手は右肩にあて、右手は脇の下の肩甲骨の内側を指でつまみ、親指でまんべんなくマッサージする。反対側も同様に。

memo

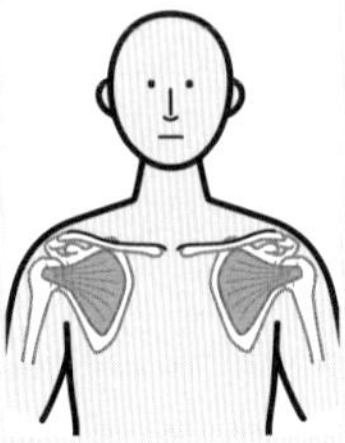

どんな筋肉？

肩甲下筋は肩甲骨の裏にある筋肉で、肩関節を内側へねじる役割をする。硬くなると、肩が内側に入り、巻き肩になる。

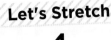

動的ストレッチ

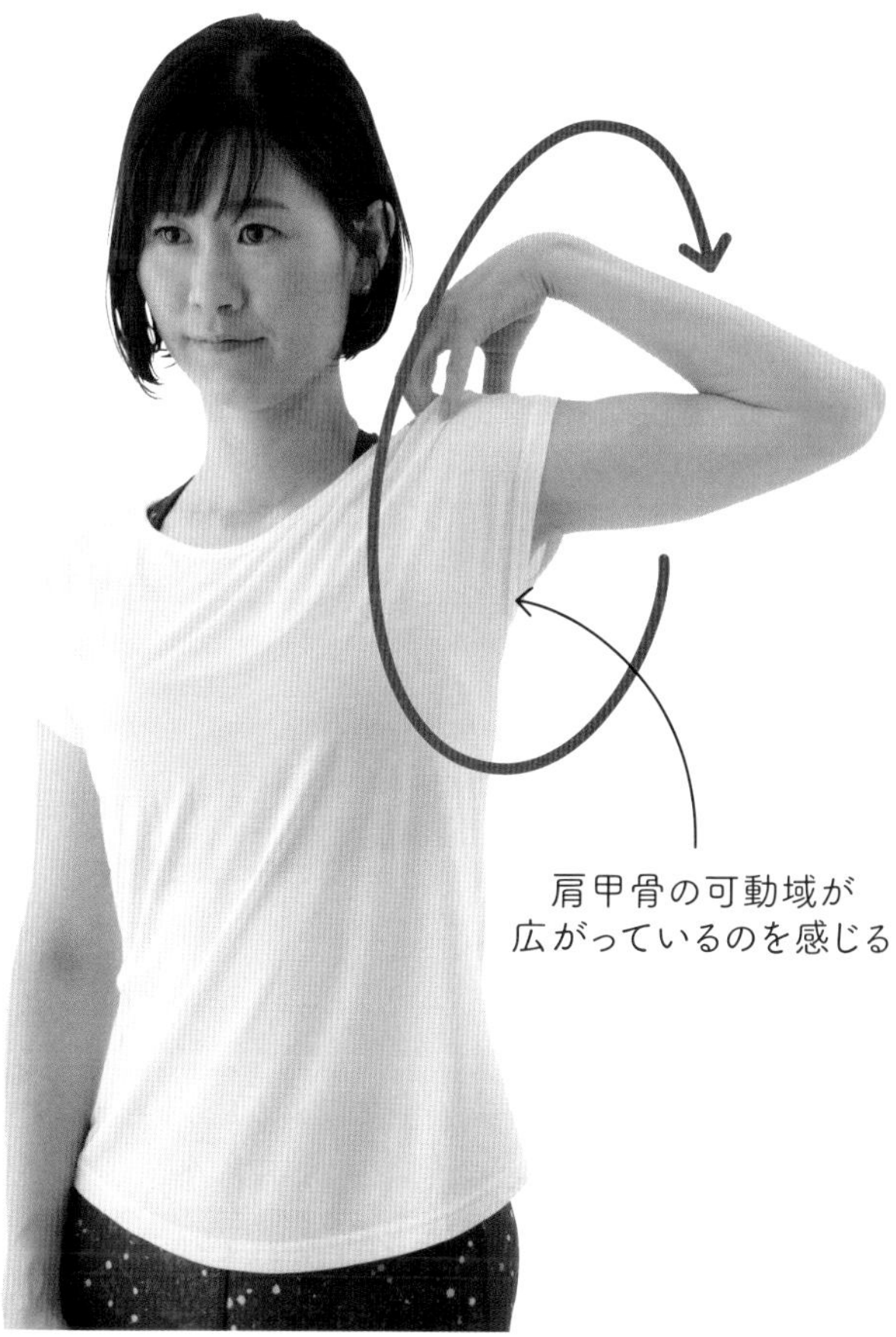
肩甲骨の可動域が
広がっているのを感じる

2

左		右
後ろ5回	+	後ろ5回
前5回		前5回

左肩に左手の指をあて、肩を大きく後ろへまわし、前へまわす。反対側も同様に。

静的ストレッチ（ソフト）

手は頭より上へ上げる
ひじは軽く曲げる
軽く胸を張って体を前に出すことを意識
脇の下の肩甲骨の内側の筋肉が伸びているのを感じる

3

左20秒 ＋ 右20秒 × 3セット

脚は肩幅に開き、壁に対して斜めに立つ。左手は高く上げて壁につけ、軽く押すようにする。反対側も同様に。

静的ストレッチ（ハード）

右手を左手の上に重ね、
左腕を引っ張ることを意識
脇の下の肩甲骨の
内側の筋肉が
伸びているのを感じる

4 左 20秒 ＋ 右 20秒 × 3セット

左右の手を交差して重ね、右手で左腕を引っ張るようにしながら、上半身を右へ倒す。反対側も同様に。

Let's Stretch

5

腕のダルさがスッキリ解消する

《上腕二頭筋》をやわらかくするストレッチ

マッサージ
力こぶ全体を
指先でしっかりつまむ
90度

1

右 30秒 + 左 30秒

椅子に座り、右ひじは90度に曲げる。上腕の内側を左手の指先でつまみ、まんべんなくマッサージする。反対側も同様に。

memo

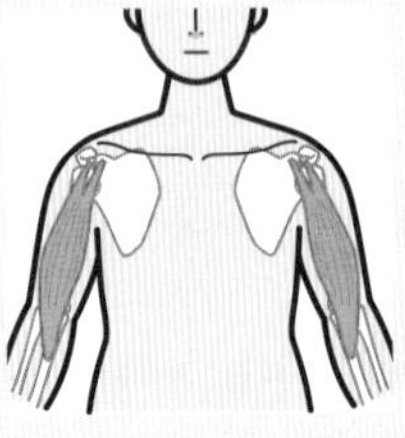

どんな筋肉？

上腕二頭筋は上腕の内側の筋肉。力こぶができる部分で、硬くなると姿勢が悪くなり、首コリ・肩コリの原因になる。

動的ストレッチ

2

右5回 ＋ 左5回

右のひじを曲げ、指先を肩にあて、ひじを伸ばす。反対側も同様に。

右ひじの関節が、
滑らかに動くのを感じる

静的ストレッチ（ソフト）

胸を開くために、
腰に手をあてる

右腕の内側の筋肉が、
伸びているのを感じる

手のひらは
逆手に置く

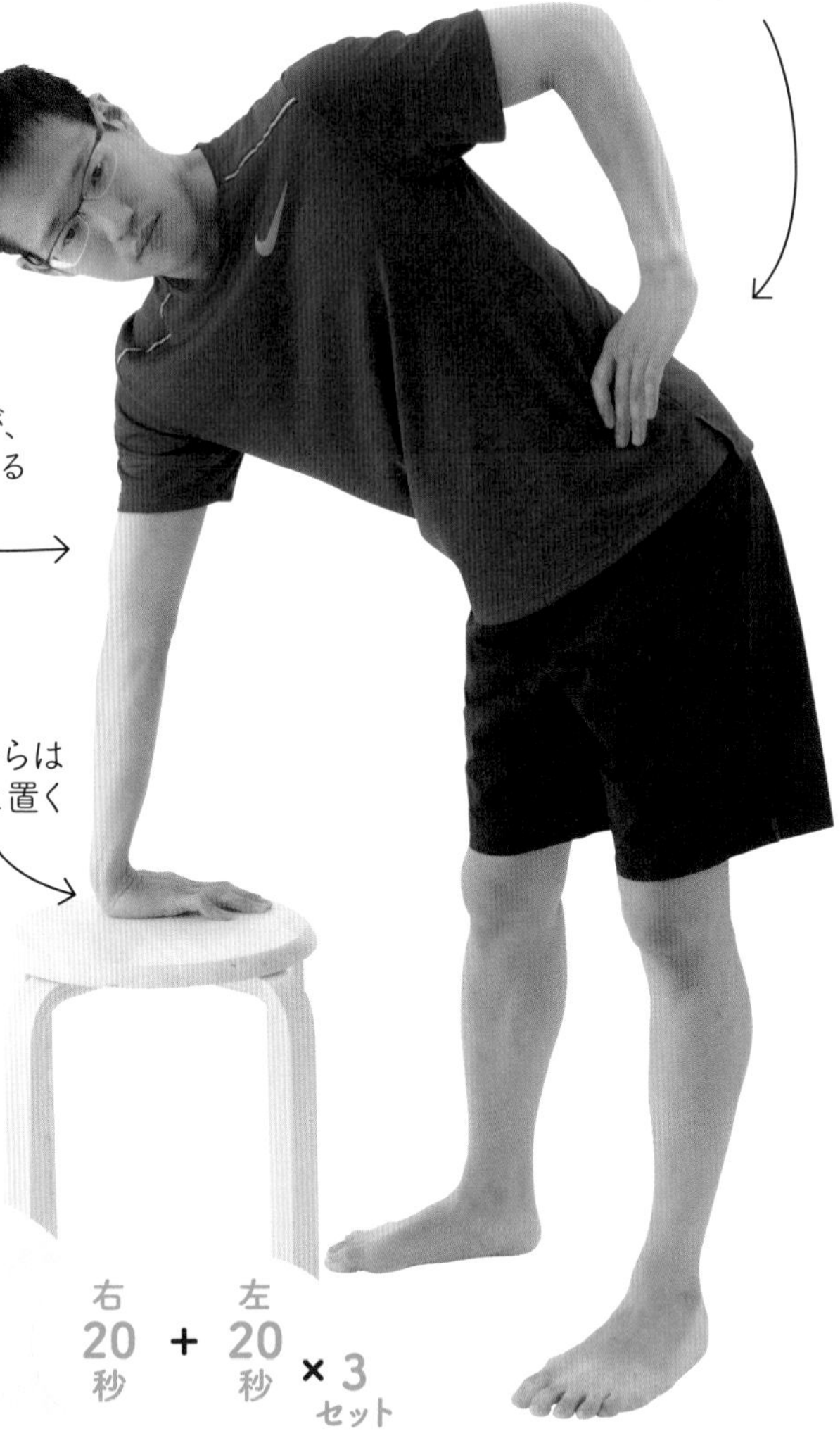

3

右20秒 ＋ 左20秒 × 3セット

椅子に向かって立ち、脚は肩幅に開き、座面に右手のひらを逆手に置く。左手は腰にあて、顔は胸と同じ方向へ向ける。反対側も同様に。

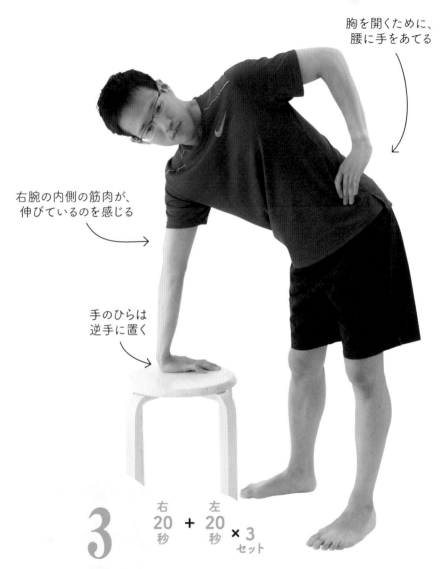

静的ストレッチ（ハード）

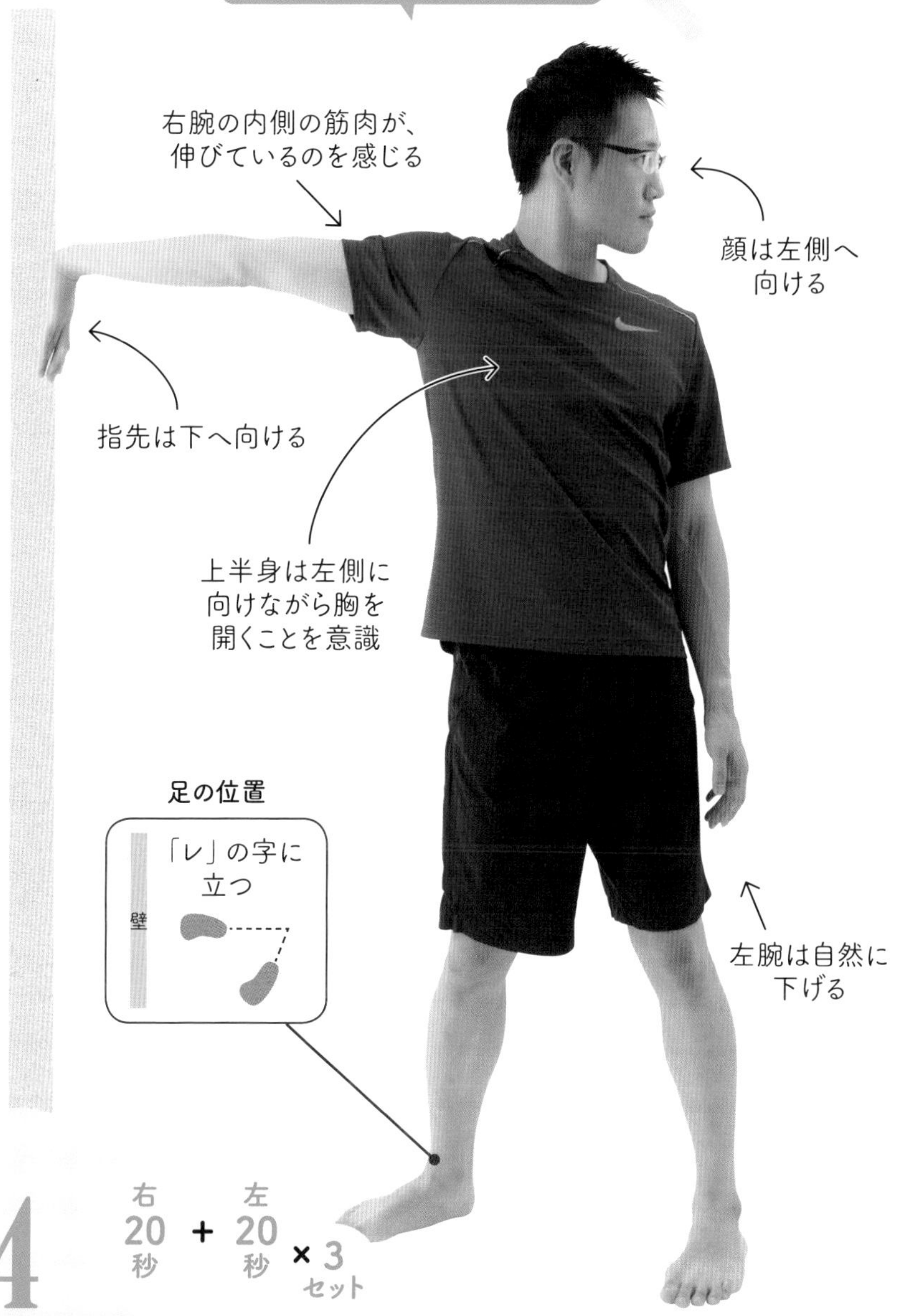

右腕の内側の筋肉が、
伸びているのを感じる
顔は左側へ
向ける
指先は下へ向ける
上半身は左側に
向けながら胸を
開くことを意識
足の位置
「レ」の字に
立つ
壁
左腕は自然に
下げる

4

右 20秒 ＋ 左 20秒 × 3セット

壁に向かって立ち、足の位置が「レ」の字になるように開く。右手のひらで壁を押すようにする。反対側も同様に。

Let's Stretch 6

腰まわりや肩のコリがラクになる

《広背筋》をやわらかくするストレッチ

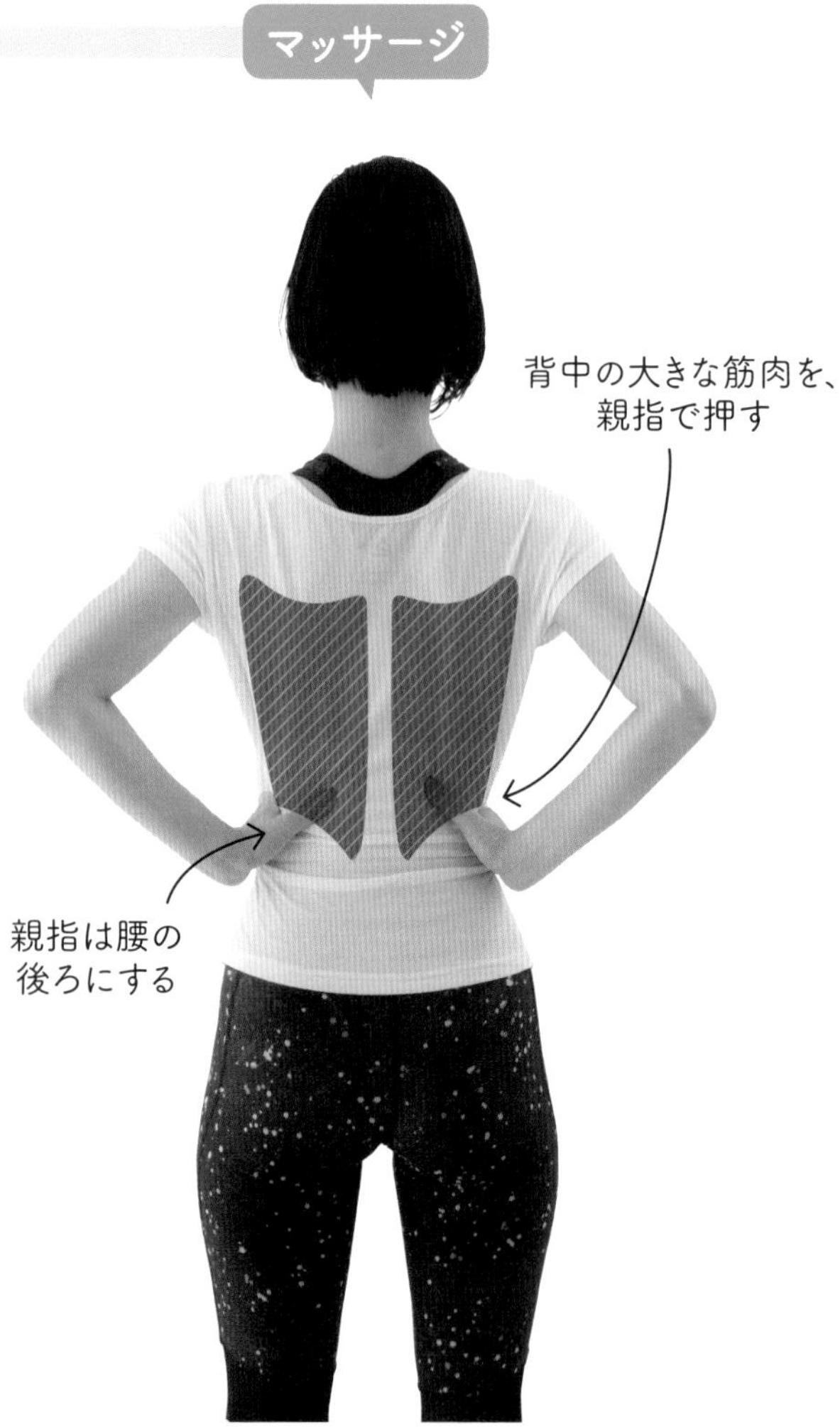
マッサージ
背中の大きな筋肉を、親指で押す
親指は腰の後ろにする

1 30秒

脚は肩幅に開いて立ち、両手は腰にあてる。親指でまんべんなく背中をマッサージする。

memo

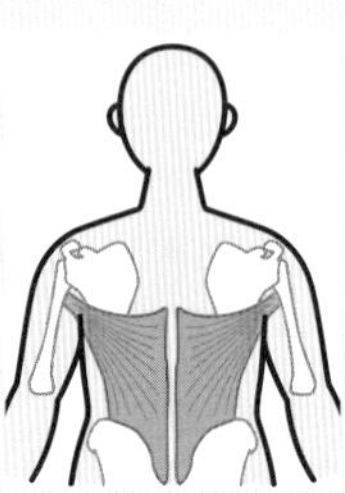

どんな筋肉？

広背筋は背中の大きな筋肉で、脇から背中、腰までつながっている。硬くなると肩関節の可動域が狭まる。

動的ストレッチ

肩をリラックスさせ、
力を抜く
上半身が滑らかに
まわせるのを感じる
腕は大きく
振ることを意識

2 左右 5 回

**脚は肩幅より広く開いて立ち、
両腕は左右に大きく振る。**

静的ストレッチ（ソフト）

背中の大きな筋肉が伸びているのを感じる
下半身は固定したまま

3

左20秒 + 右20秒 × 3セット

脚は肩幅より広く開いて立ち、両手を軽く合わせ、上半身を斜め右へ倒すことを意識。反対側も同様に。

静的ストレッチ（ハード）

背中の大きな筋肉が
伸びているのを感じる
足をグッと前へ
突き出すことを意識

4 20秒 × 3セット

床に座って、少しひざを曲げた状態で前屈し、両手で両足の指先をつかみ、つま先を前へ突き出す。

第2章

下半身を やわらかくする

出かけるのが面倒で運動不足が続いていると、
下半身の筋肉が硬くなって、血流が滞ってしまいます。
腰やひざの痛みや、脚のむくみなどで悩む人に、
筋肉別におすすめのストレッチを紹介しましょう。

＼これできますか？／

CHECK1

腸腰筋

仰向けで片脚のひざを抱えたとき、もう片脚が床についたままですか？

仰向けになって片脚のひざを両手で抱え、胸に引き寄せてみてください。このとき、もう片脚が床についたままですか。脚が床から上がり、ひざが曲がってしまう人は、「太ももの筋肉が硬いこと」も原因ですが、実は腰の筋肉「腸腰筋《ちょうようきん》」の柔軟性に原因があります。

腸腰筋は内臓と背骨の間にあり、上半身と下半身をつなぐ筋肉です。股関節を曲げたり、腰を正しい位置にする働きがあります。腸腰筋が硬くなると、ひざが曲がって姿勢が悪くなり、腰も曲がって腰痛になります。太ももやひざが上がりにくくなるので、何もないところでつまずくようになります。

また、腸腰筋が硬い人が、無理に姿勢をよくしようとすると、背中や首に負担となり、かえって首コリ、肩コリの原因になります。まずは腸腰筋をやわらかくすることが先決です。

この筋肉が硬い！

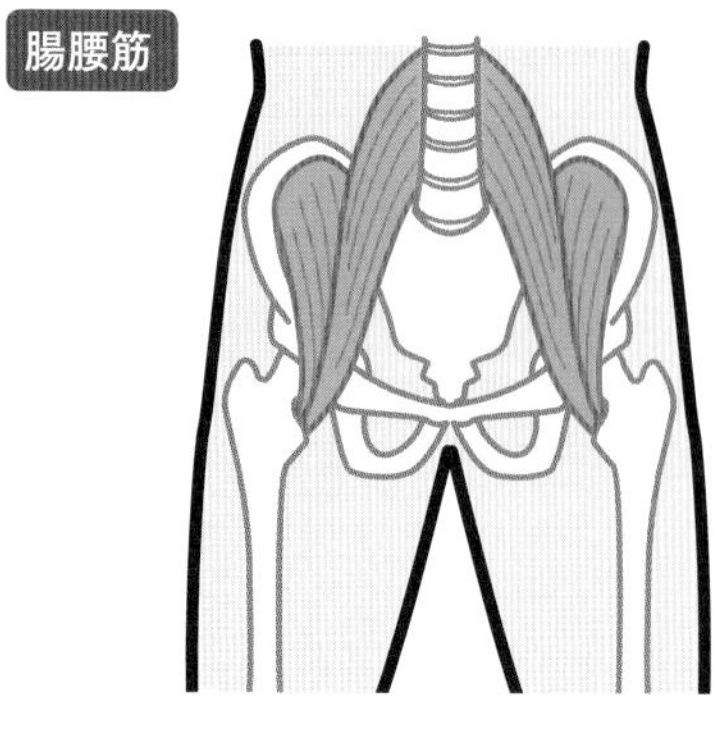

腸腰筋のストレッチ➡p.78

☑脚が床についたまま ➡ 体がやわらかい人

○

脚を胸に引き寄せる

脚が床についている

☑脚が床から離れてしまう ➡ 体が硬い人

×

脚を無理に胸に引き寄せる

ひざが曲がり、
脚が床から離れてしまう

要注意！

- ひざが思うように上がらず、何もないところでつまずく。
- 腰椎につながる筋肉なので、腰痛の原因にもなる。

＼これできますか？／

CHECK 2

大臀筋 片脚を両ひじの内側で抱えて、床と平行に上がりますか？

床に座ってひざを左右に開き、片脚を両ひじの内側で抱えて床と平行になるまで上げてみてください。このとき、ひざから下が床と平行に上がらない人は「太ももの筋肉が硬いこと」も原因ですが、実はお尻の筋肉「大臀筋《だいでんきん》の柔軟性」に原因があります。

大臀筋は脚を動かすための大事な筋肉で、二足歩行に大きく貢献する働きがあります。

特にデスクワークの人は、長時間座り続けるために大臀筋が圧迫され続け、硬くなりがちです。

大臀筋が硬くなると「立つ、歩く、走る、椅子から立ち上がる」すべての日常の動作に支障をきたします。さらに、股関節まわりが硬くなると可動域が制限され、腰痛の原因にもなります。

この筋肉が硬い！

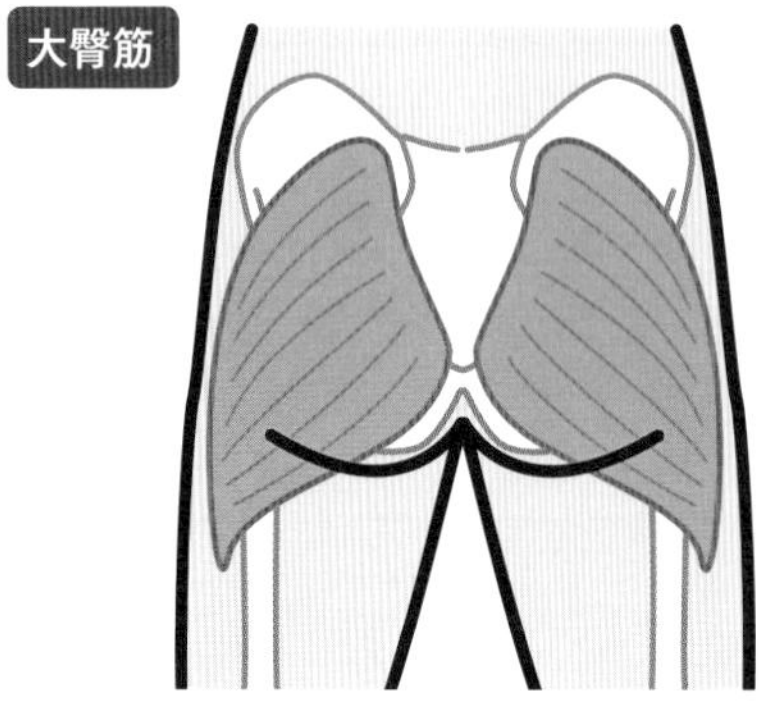

大臀筋のストレッチ➡p.82

☑ひざ下が床と平行に上がる ➡ 体がやわらかい人

○

両ひじの内側で、
しっかり脚を
抱えられる

☑ひざ下が平行に上がらない ➡ 体が硬い人

✕

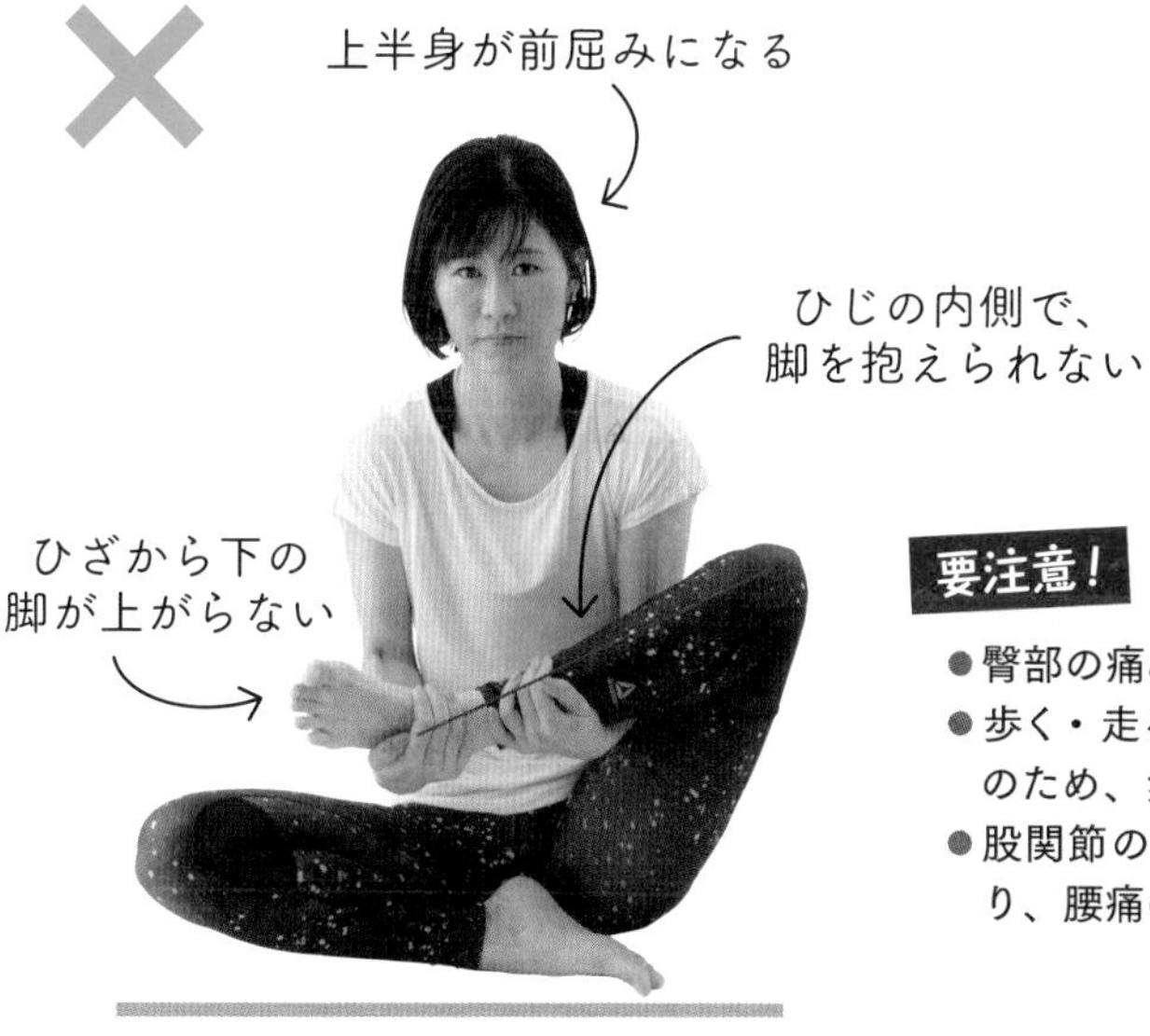
上半身が前屈みになる
ひじの内側で、
脚を抱えられない
ひざから下の
脚が上がらない

要注意！

- 臀部の痛み。
- 歩く・走る動作は股関節運動のため、歩くと疲れやすくなる。
- 股関節の可動域に制限がかかり、腰痛の原因になる。

＼これできますか？／

CHECK 3

内転筋群

床に座って足裏を合わせたとき、ひざが十分に開きますか？

床に座ってひざを左右に開き、足裏を合わせてみてください。このとき、両脚が十分に開いていますか。閉じている人は、太ももの内側の筋肉「内転筋群《ないてんきんぐん》」の柔軟性に原因があります。

内転筋群は「大内転筋・長内転筋・短内転筋・薄筋・恥骨筋」の5つの筋肉群のことをいいます。

内転筋群は骨盤を安定させる働きがあるため、歩くときに股関節への負担をやわらげてくれます。日常の生活では負担が少なく、ここが硬くなると股関節に負担がかかり、腰痛やひざ痛の原因になります。

また、内転筋群をやわらかくすると、歩行がスムーズになります。

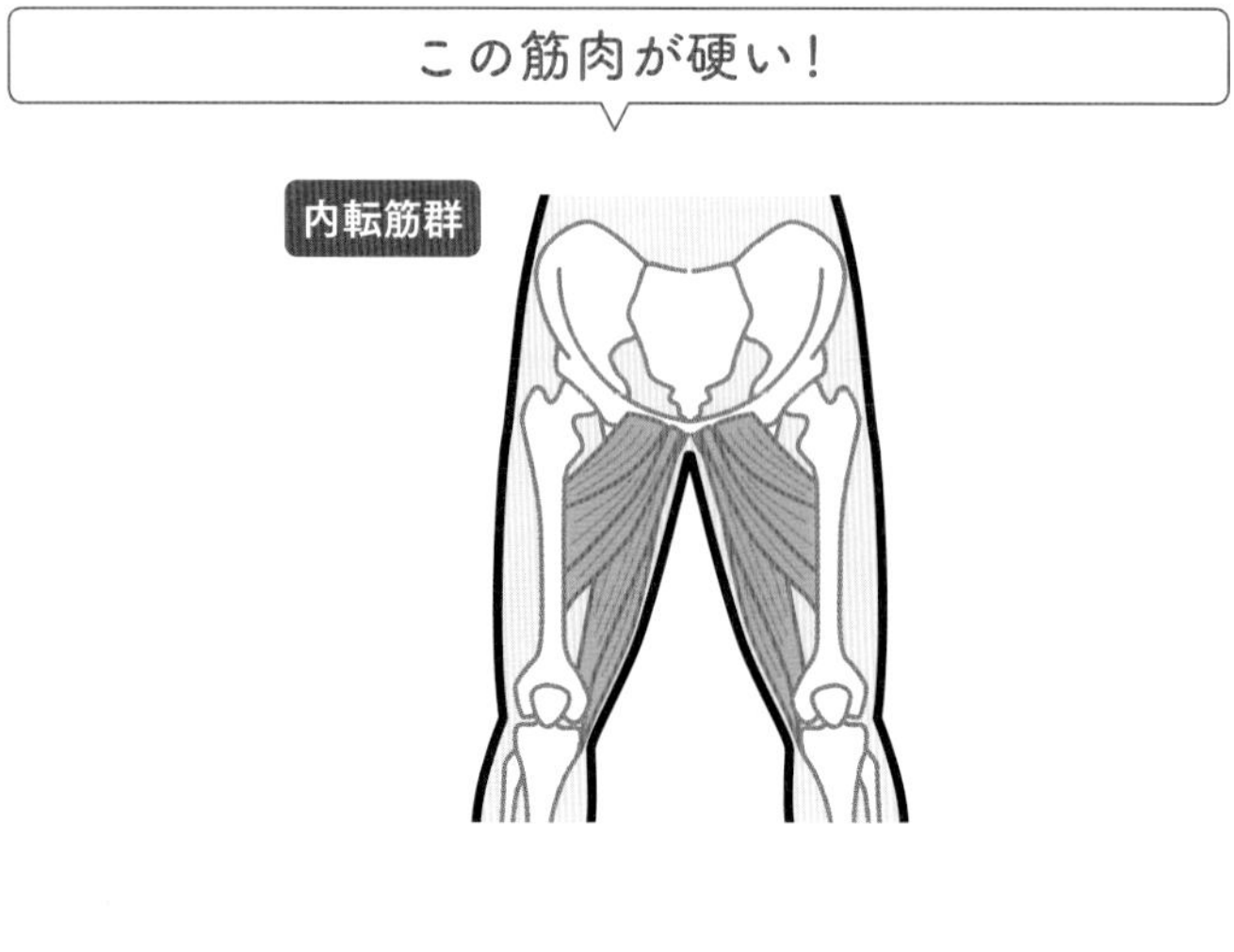

内転筋群のストレッチ➡p.86

☑ひざが十分に開いている ➡ 体がやわらかい人

○

こぶし2個分

ひざが床に
近づいている

☑ひざが十分に開かない ➡ 体が硬い人

×

ひざが床から
離れている

こぶし3個分

要注意!

- 腰痛、ひざ痛。
- 歩行やスクワットの動作時に骨盤を安定させる筋肉なので、硬くなると股関節に負担がかかる。

＼これできますか？／

CHECK 4

大腿筋膜張筋

横向きに寝て、片脚を斜めに下げたとき、足が台より下に下がりますか？

台の上に横向きに寝て、上になった脚を斜めに下げてみてください。このとき、足が台から下がらない人は太ももの外側にある筋肉、「大《だい》腿《たい》筋《きん》膜《まく》張《ちょう》筋《きん》」の柔軟性に原因があります。大腿筋膜張筋は、腰からひざまでつながっています。内転筋群と同様に、歩行時に骨盤を安定させる働きがある筋肉です。

ここが硬くなると、太ももの動きが悪くなって脚がうまく上がらず、片脚立ちでバランスが取りにくくなり、スムーズに歩けなくなります。また、下半身の前側や後ろ側にも負荷がかかり、腰痛やひざ痛の原因にもなります。

最近、歩くのが遅くなったと思ったら、大腿筋膜張筋が硬くなったことを疑ってみてください。ここがやわらかくなると、歩行が軽快になります。

この筋肉が硬い！

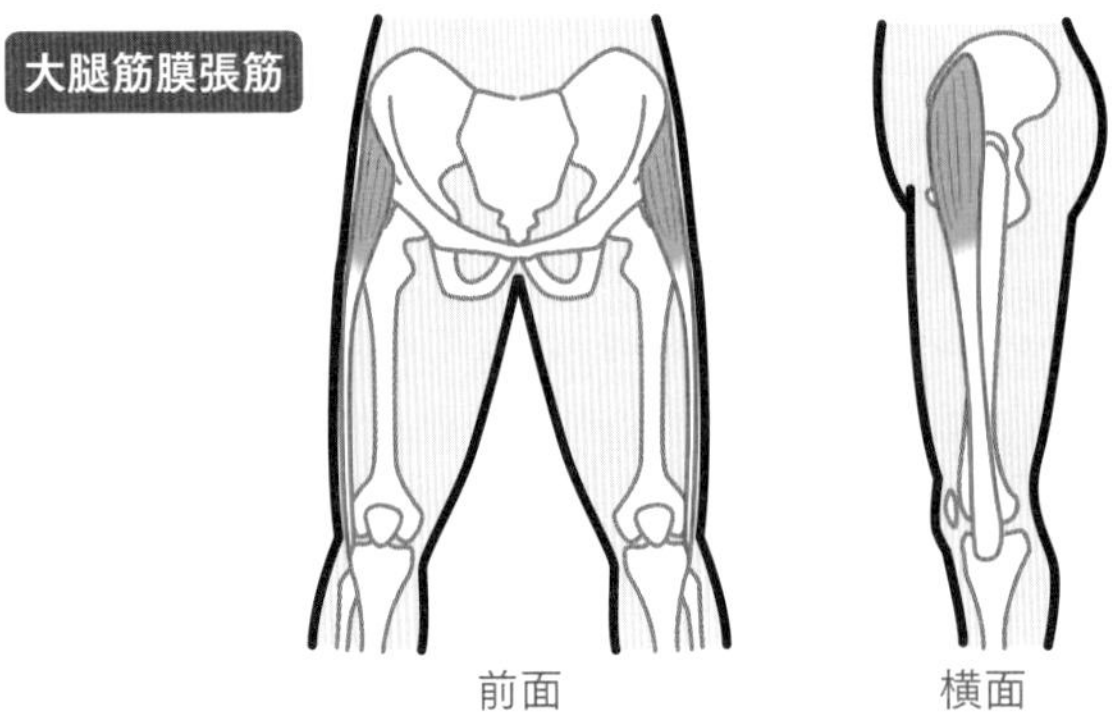

大腿筋膜張筋のストレッチ➡p.90

☑ 足が台より下に下がる ➡ 体がやわらかい人

○

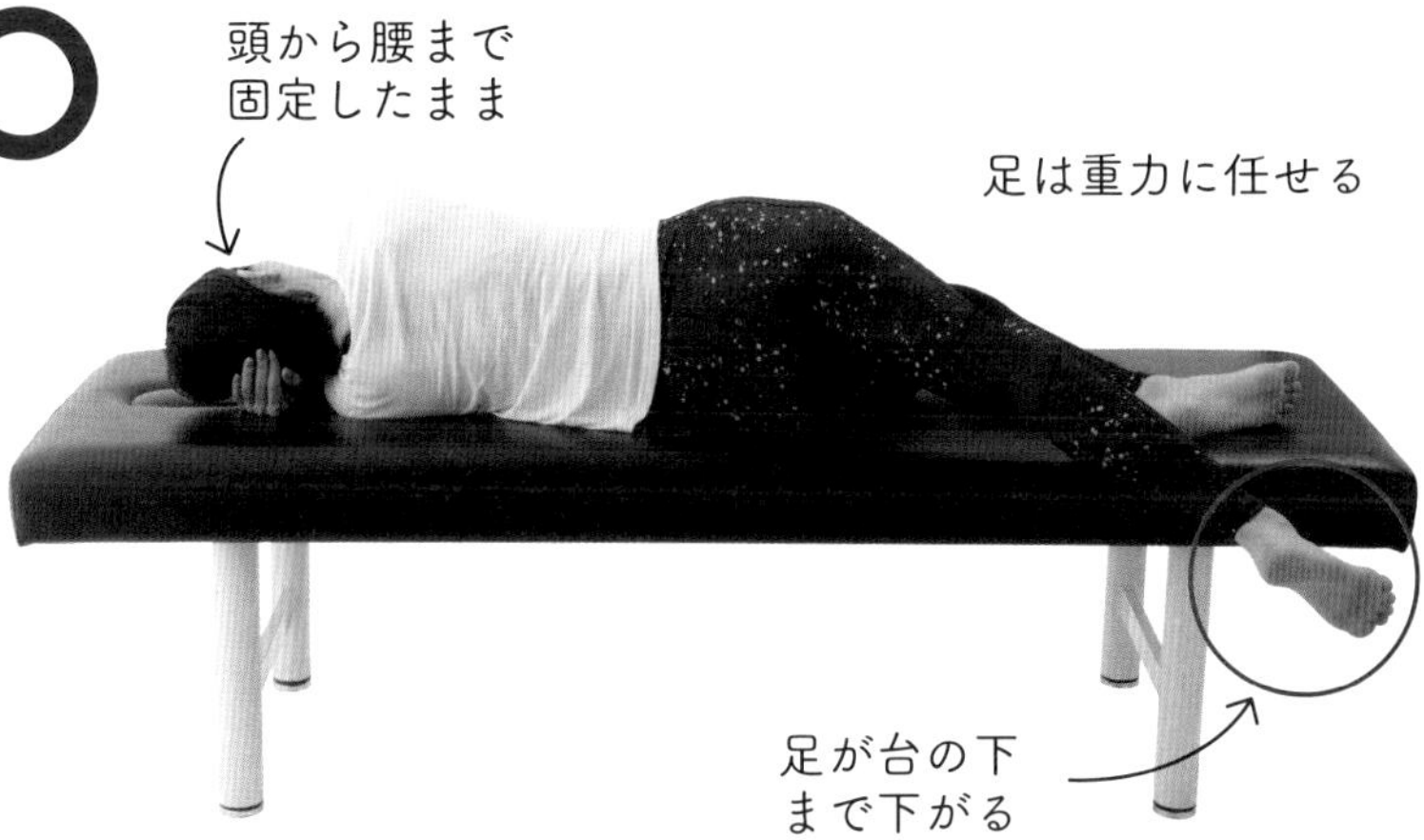
頭から腰まで
固定したまま
足は重力に任せる
足が台の下
まで下がる

☑ 足が台より下に下がらない ➡ 体が硬い人

×

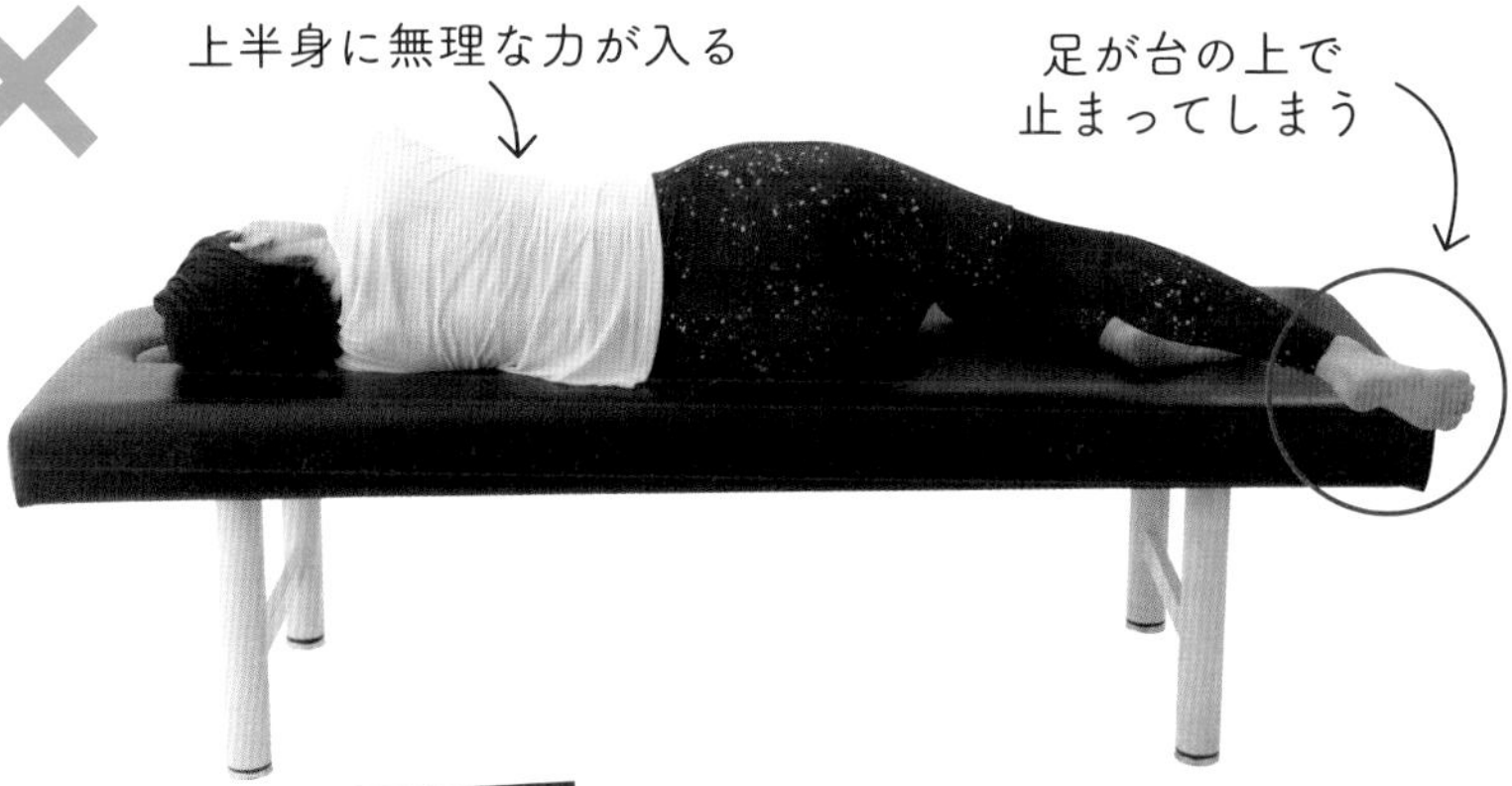
上半身に無理な力が入る
足が台の上で
止まってしまう

要注意！

- 腰痛、ひざ痛。
- 内転筋群と同様に、歩行やスクワットの動作時に骨盤を安定させる筋肉なので、関節に負担がかかる。

＼これできますか？／

CHECK 5

大腿四頭筋

うつ伏せになったとき、片手でつま先をつかめますか？

うつ伏せになって片方の手にアゴをのせ、それと反対側の脚を曲げてもう片方の手でつま先がつかめますか。つかめない人は「肩の筋肉が硬いから」と思われがちですが、実は太ももの筋肉、「大《だい》腿《たい》四《し》頭《とう》筋《きん》」の柔軟性に原因があります。

大腿四頭筋は太ももの前側にある、大きくて強い筋肉です。「大腿直筋・外側広筋・内側広筋・中間広筋」の総称で、股関節からひざ下までつながっています。

この筋肉はひざ関節を伸ばす働きに加えて、股関節の屈曲にも関係しています。硬くなってしまうと、正座が困難になります。

さらに、この筋肉が硬くなると骨盤が前傾して反り腰になり、ひざ痛や腰痛に悩まされます。立ち仕事をしている人に多く見られる傾向です。

この筋肉が硬い！

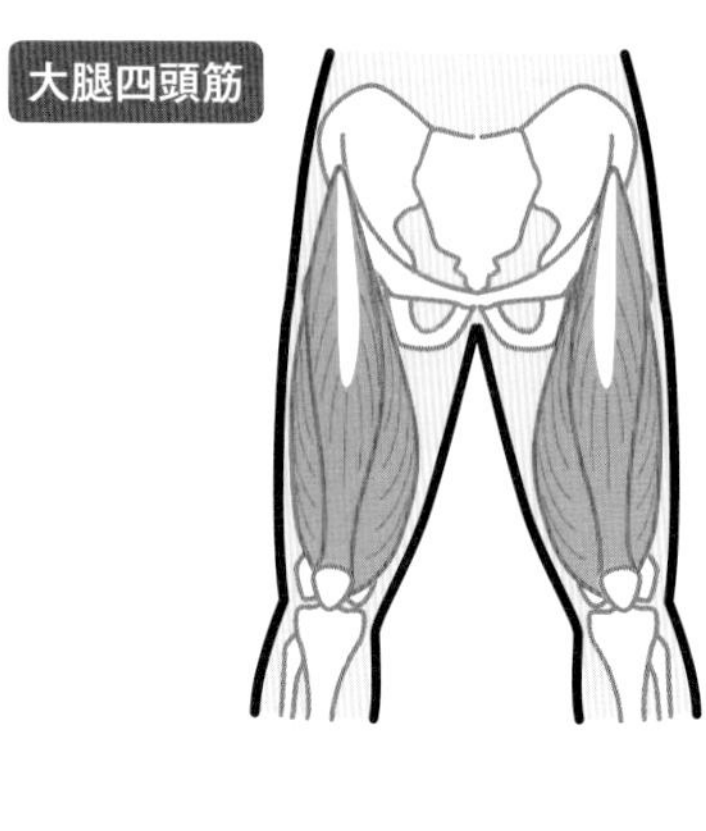

大腿四頭筋のストレッチ➡p.94

☑つま先を手でつかめる➡体がやわらかい人

○

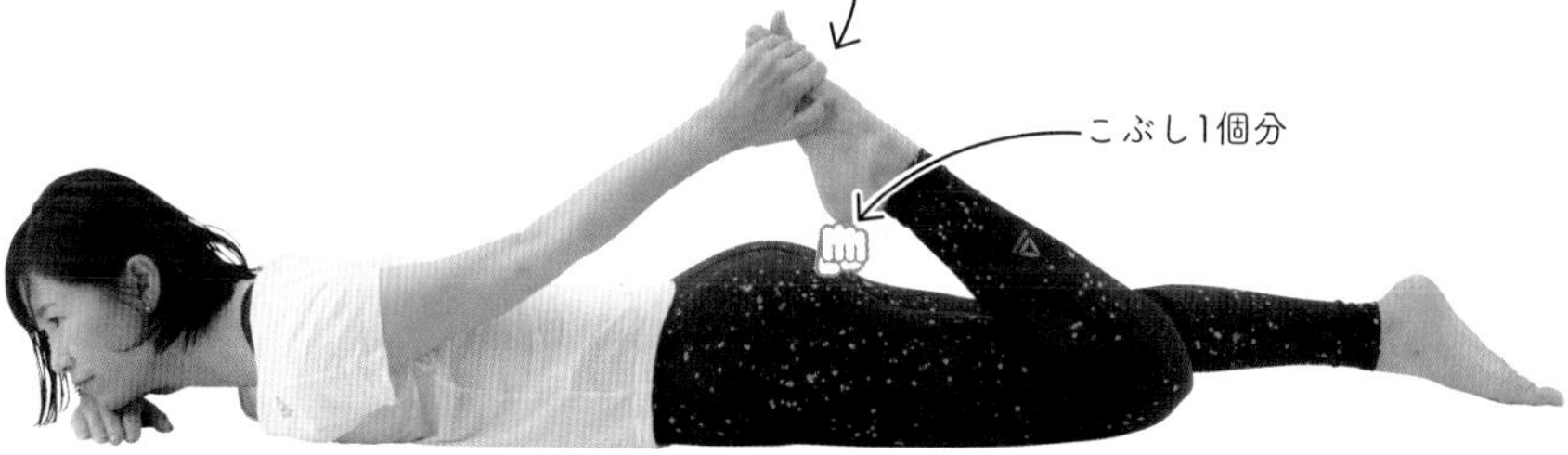
つま先を手で
しっかりつかめる
こぶし1個分

※かかとがお尻につくとやわらかすぎる

☑つま先を手でつかめない➡体が硬い人

×

つま先まで
手が届かない
肩に無理な力が入る

要注意！

- 反り腰からの腰痛。
- 股関節からひざ下までつながっている筋肉のため、この筋肉が硬くなると骨盤が前傾する。

これできますか？

CHECK 6

ハムストリングス

前屈したとき、中指の先が床につきますか？

まっすぐに立ってかかとを揃え、つま先はこぶし1個分だけ開き、ひざを曲げずに前屈してみてください。このとき、床に中指の先がつきますか。中指の先がつかない人は「上半身が硬い」ことも考えられますが、実は「ハムストリングス」に大きな原因があります。

ハムストリングスは太ももの裏にあり、「大腿二頭筋・半《はん》腱様筋《けんようきん》・半膜様筋《はんまくようきん》」の3つの筋肉の総称です。この筋肉が硬いと、骨盤が後傾して、急に走ったときに肉離れを起こしやすくなります。

特にデスクワークの人は一日中座ってひざを曲げ続けていることで、血流が滞って老廃物がたまり、足運びが重くなります。この筋肉がやわらかくなれば、軽快に歩くことができ、階段もスムーズに上がれるようになります。

この筋肉が硬い！

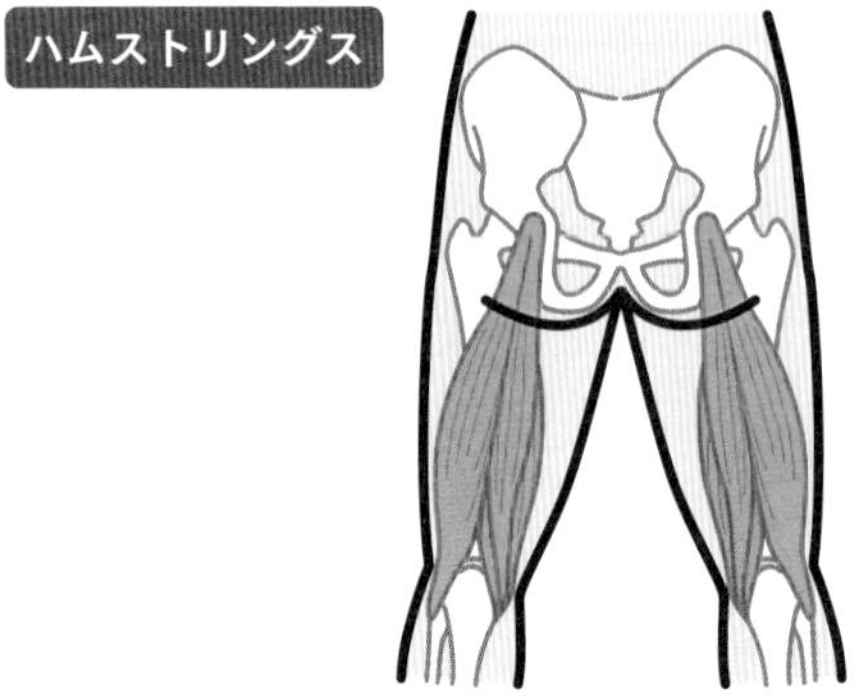

ハムストリングスのストレッチ➡p.98

☑床に中指の先がつく➡体がやわらかい人

○

ハムストリングスがやわらかく、
骨盤の位置も正常

☑床に中指の先がつかない➡体が硬い人

×

ハムストリングスが硬く、
骨盤が後傾している

要注意！

- 腰痛、猫背、肉離れ。
- 骨盤からひざ裏まである筋肉なので、硬くなると骨盤後傾の原因になる。
- 走る際に地面を蹴るとき、急に動かすと肉離れになる可能性が高い。

\これできますか？/

CHECK 7

腓腹筋

腕を組んでしゃがみ、お尻を床の近くまで下ろせますか？

両手を胸の前で組んでしゃがみ、お尻を下ろしてみてください。このとき、お尻を床の近くまで下ろせますか。下ろせない人は「太ももの筋肉が硬いこと」も原因ですが、ふくらはぎのあたりの筋肉「腓腹筋《ひふくきん》」の柔軟性に原因があります。

腓腹筋は「第二の心臓」といわれるふくらはぎの表側の筋肉です。つま先立ちをするときに使われます。脚の静脈の血液を心臓へ送るポンプ機能を果たすのが、この筋肉です。

立ったり座ったりしたままの状態が長く続くと、ポンプ機能が働きにくくなって血流が滞り、脚に余分な水分や老廃物がたまり、ふくらはぎが張ってむくんでしまいます。

夕方になると脚がむくんでつらい思いをしている人は、腓腹筋のストレッチが効果的です。

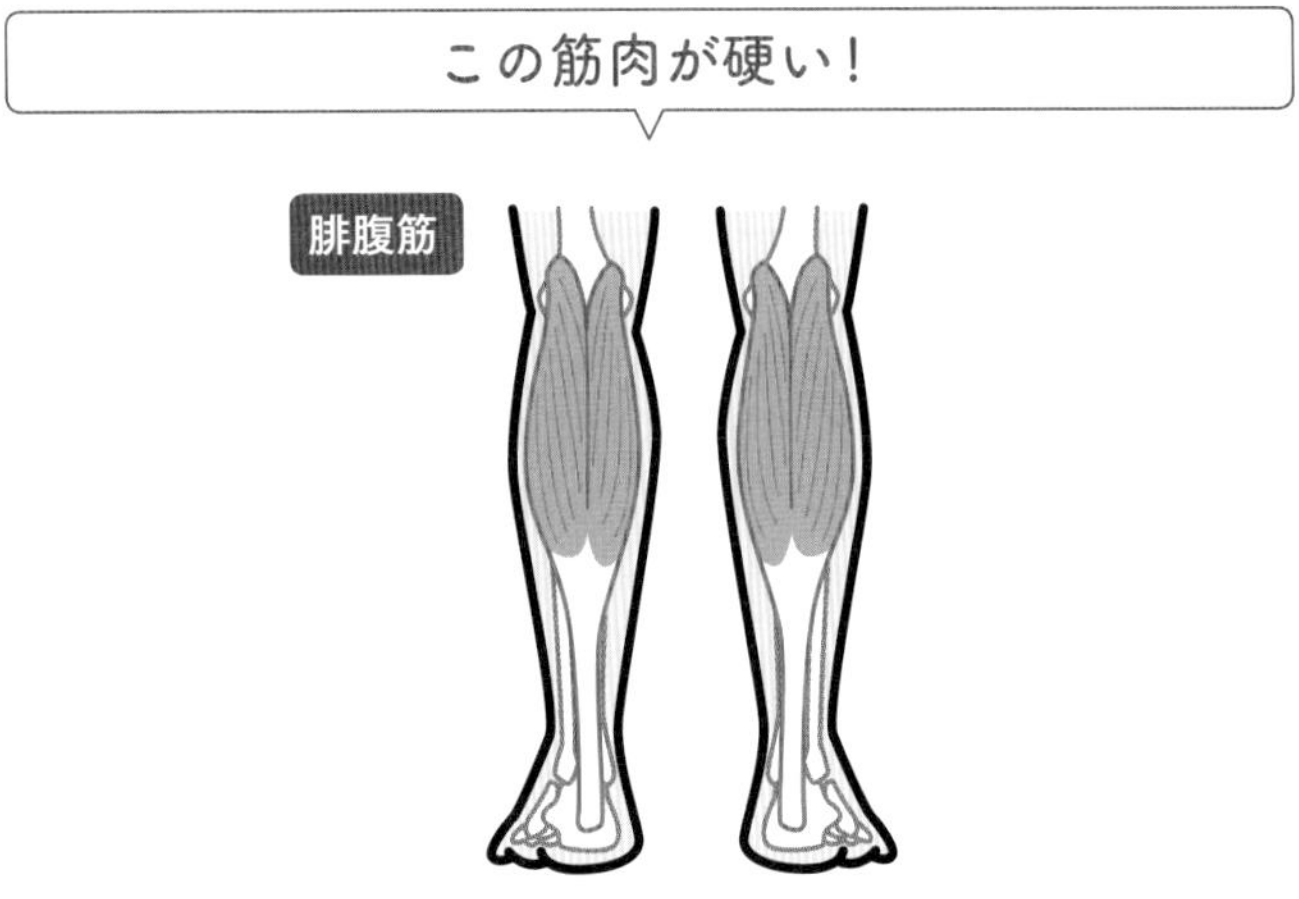

腓腹筋のストレッチ➡p.102

☑お尻を下ろせる➡体がやわらかい人

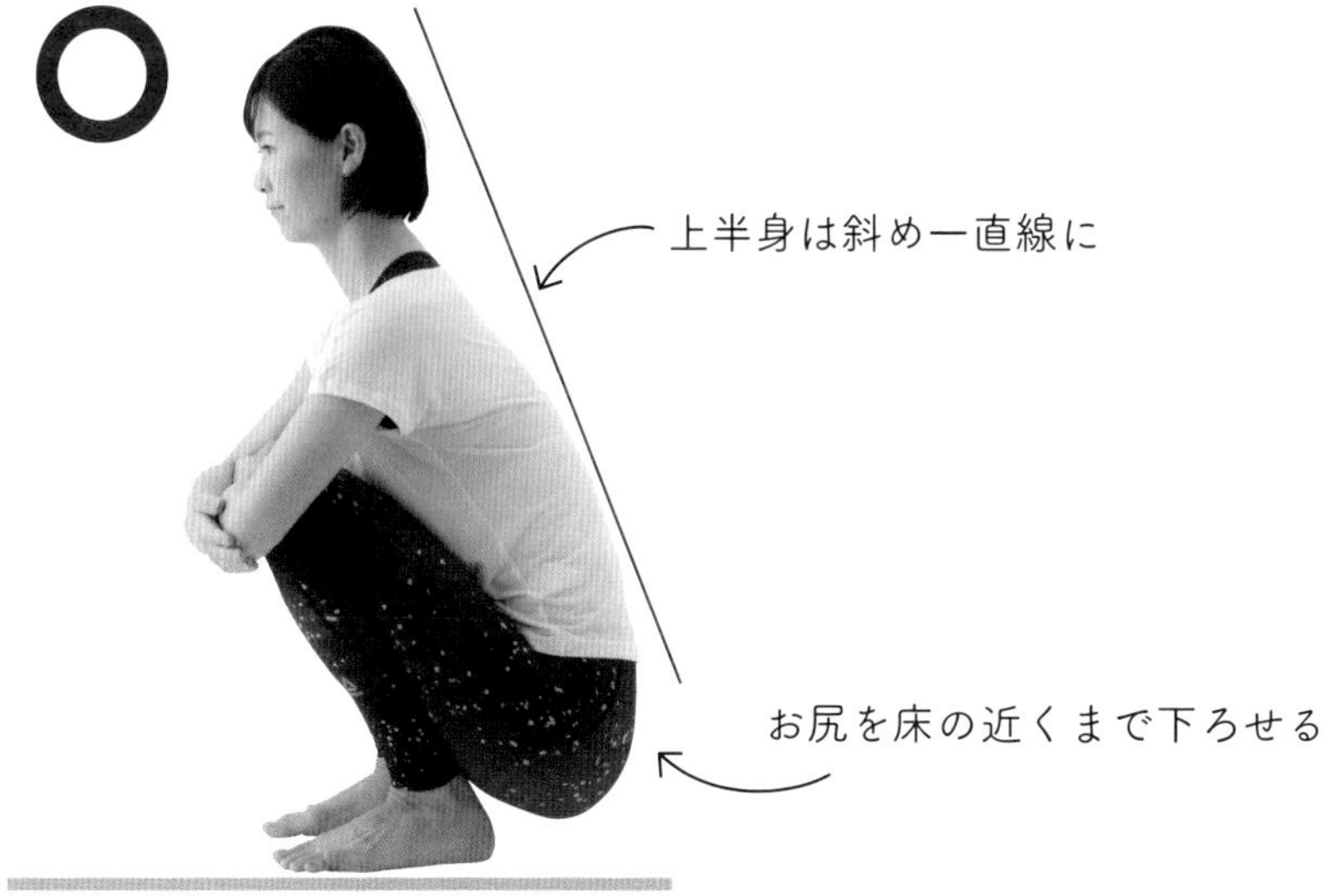
○
上半身は斜め一直線に
お尻を床の近くまで下ろせる

☑お尻を下ろせない➡体が硬い人

×
上半身は前に倒れる
お尻を床に下ろせない

要注意！

- 脚に余分な水分や老廃物がたまり、脚がむくむ。
- 脚の血流が滞り、ふくらはぎが張る。

あなたの下半身の柔軟性は？

次の7つのCHECKをして、○×をつけてみましょう。
×がある場合は、その部位の筋肉のストレッチをしてやわらかくします。

CHECK1

仰向けで片脚のひざを抱えたとき、
もう片脚が床についたままですか？

腸腰筋を柔軟にする➡p.78〜81

○／×

CHECK2

片脚を両ひじの内側で抱えて、
床と平行に上がりますか？

大臀筋を柔軟にする
➡p.82〜85

○／×

CHECK3

床に座って足裏を合わせたとき、
ひざが十分に開きますか？

内転筋群を柔軟にする➡p.86〜89

○／×

CHECK 4

横向きに寝て、片脚を斜めに下げたとき、
足が台より下に下がりますか?

大腿筋膜張筋を柔軟にする
➡p.90〜93

○ / ×

CHECK 5

○ / ×

うつ伏せになったとき、
片手でつま先をつかめますか?

大腿四頭筋を柔軟にする➡p.94〜97

CHECK 6

○ / ×

前屈したとき、
中指の先が床につきますか?

ハムストリングスを柔軟にする
➡p.98〜101

CHECK 7

腕を組んでしゃがみ、
お尻を床の近くまで下ろせますか?

腓腹筋を柔軟にする➡p.102〜105

○ / ×

Let's Stretch

1

太ももやひざが軽く上がるようになる

《腸腰筋》をやわらかくするストレッチ

マッサージ

骨盤のでっぱりの内側を軽く押す

1

30秒

脚は肩幅に開いて立ち、両手は腰にあてる。腰骨の内側になる骨盤の中に親指以外の四指を入れ、まんべんなくマッサージする。

memo

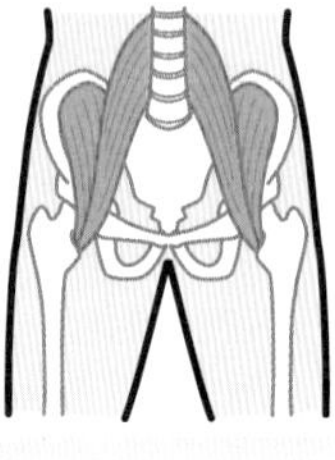

どんな筋肉？

腸腰筋はお腹の内側にあり、上半身と下半身をつなぐ筋肉で、体のバランスを保つ働きがある。硬くなると、つまずきやすくなる。

動的ストレッチ

脚が滑らかに
動くのを感じる
ブラーンという
感じで蹴る

2 右5回 + 左5回

右ひざを高く上げ、左ひざは軽く曲げて、右脚を後ろへ蹴る。反対側も同様に。

静的ストレッチ（ソフト）

上半身は
前へ少し
倒すことを意識
上半身は
まっすぐに立てる
左腕はひざの上へ
軽くのせる
骨盤のあたりが
伸びているのを感じる
90度

3

右20秒 ＋ 左20秒 ×3セット

右脚は後ろにし、ひざから下は床につける。左脚はひざを90度に曲げ、左腕はひざの上へ軽くのせる。反対側も同様に。

静的ストレッチ（ハード）

右腕はカーブを描くように
体を左側へ
倒すことを意識
骨盤のあたりの筋肉が
伸びているのを感じる

4

右 20秒 ＋ 左 20秒 ×3セット

右腕を上げ、カーブを描くようにし、指先のほうへ腕を引っ張る。反対側も同様に。

Let's Stretch

2

《大臀筋》をやわらかくするストレッチ

歩く・走るがスムーズになり、腰痛改善にも効果的

マッサージ

1

30回

脚は肩幅に開いて立ち、両手の指先はお尻にあて、まんべんなくマッサージする。

memo

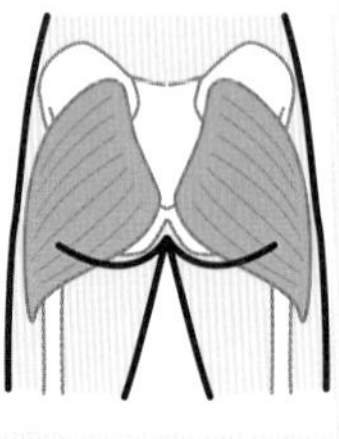

どんな筋肉？

大臀筋はお尻にある筋肉で、体の中で一番質量がある。硬くなると、歩くと疲れやすくなり、腰痛の原因になりやすい。

動的ストレッチ

上半身は
できるだけ
固定する

股関節が
滑らかに
動くのを感じる

2

左5回＋右5回

左脚を左横へ上げてから、右横へ動かす。反対側も同様に。

静的ストレッチ（ソフト）

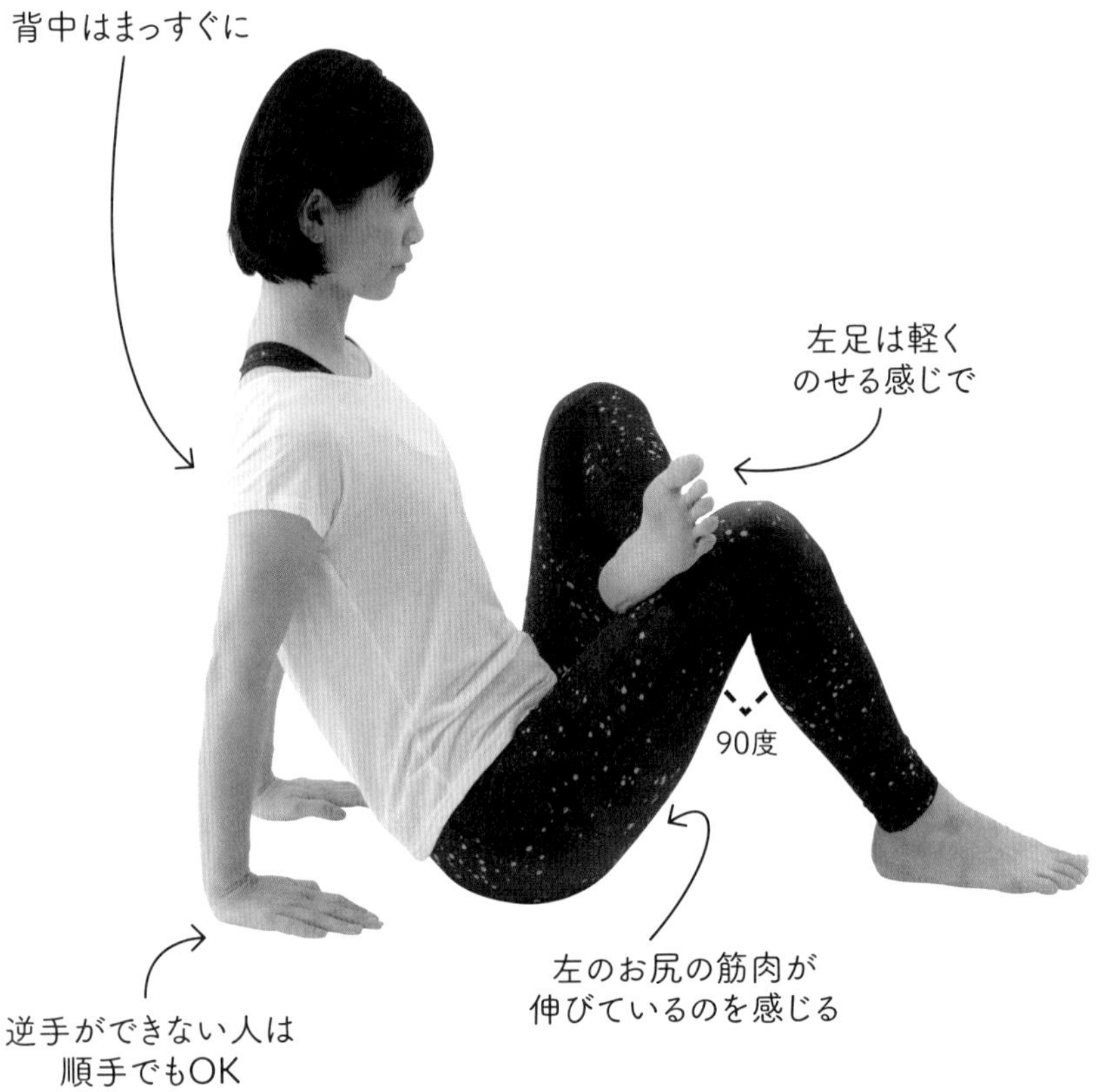
背中はまっすぐに
左足は軽く
のせる感じで
90度
左のお尻の筋肉が
伸びているのを感じる
逆手ができない人は
順手でもOK

3

左 20秒 ＋ 右 20秒 × 3セット

床に座り、両手は後ろへまわし、手のひらを床につける。右ひざは90度に曲げ、左足をのせる。反対側も同様に。

静的ストレッチ（ハード）

両手を組んで
グッと引き寄せる
ことを意識

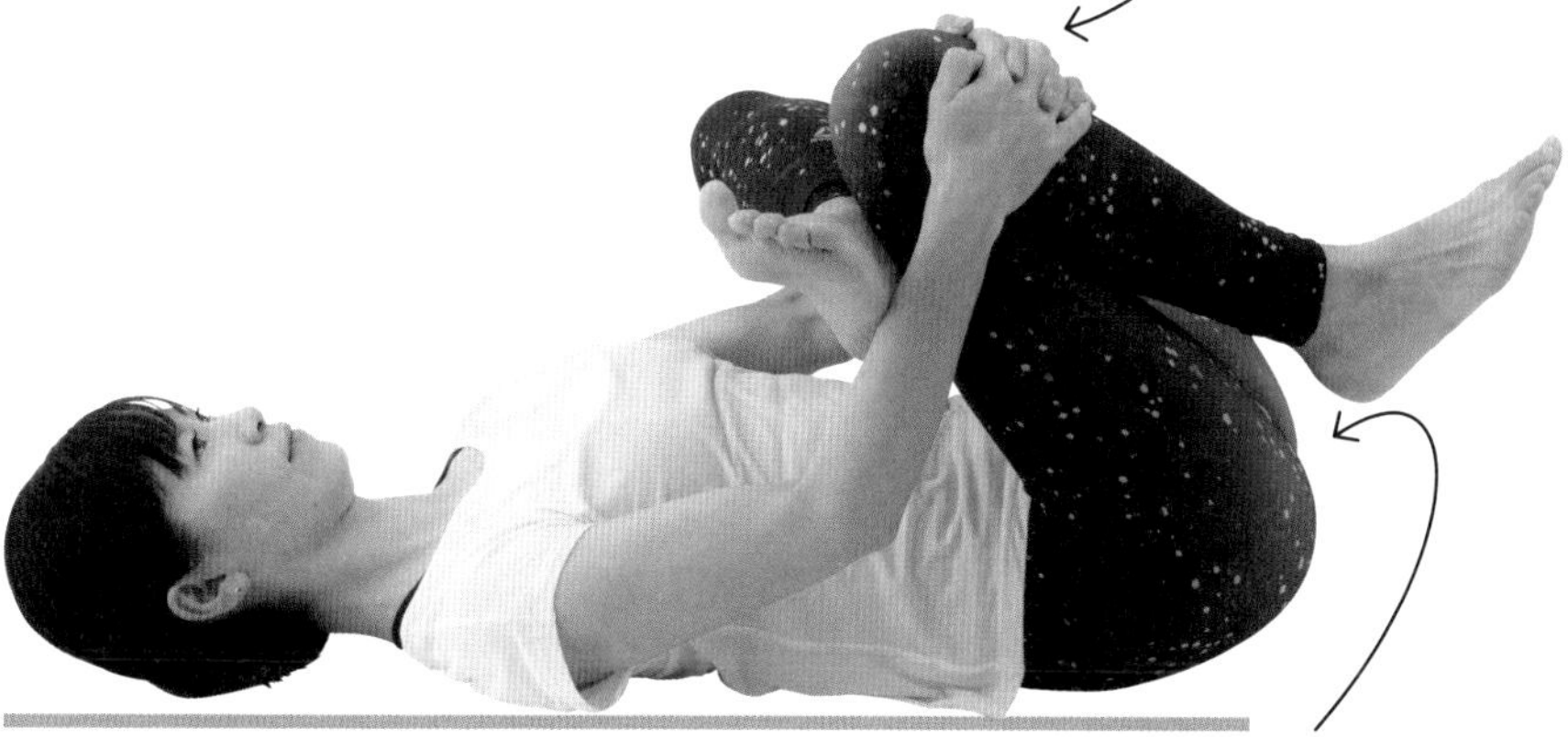

頭・肩・腰が、
床から浮かないように

左のお尻の筋肉が
伸びているのを感じる

4

左20秒 + 右20秒 ×3セット

床に仰向けになり、両手を組んで右ひざを抱えて左足をのせ、グッと引き寄せる。反対側も同様に。

Let's Stretch 3

歩くときに、股関節への負担を軽減する

《内転筋群》をやわらかくするストレッチ

マッサージ

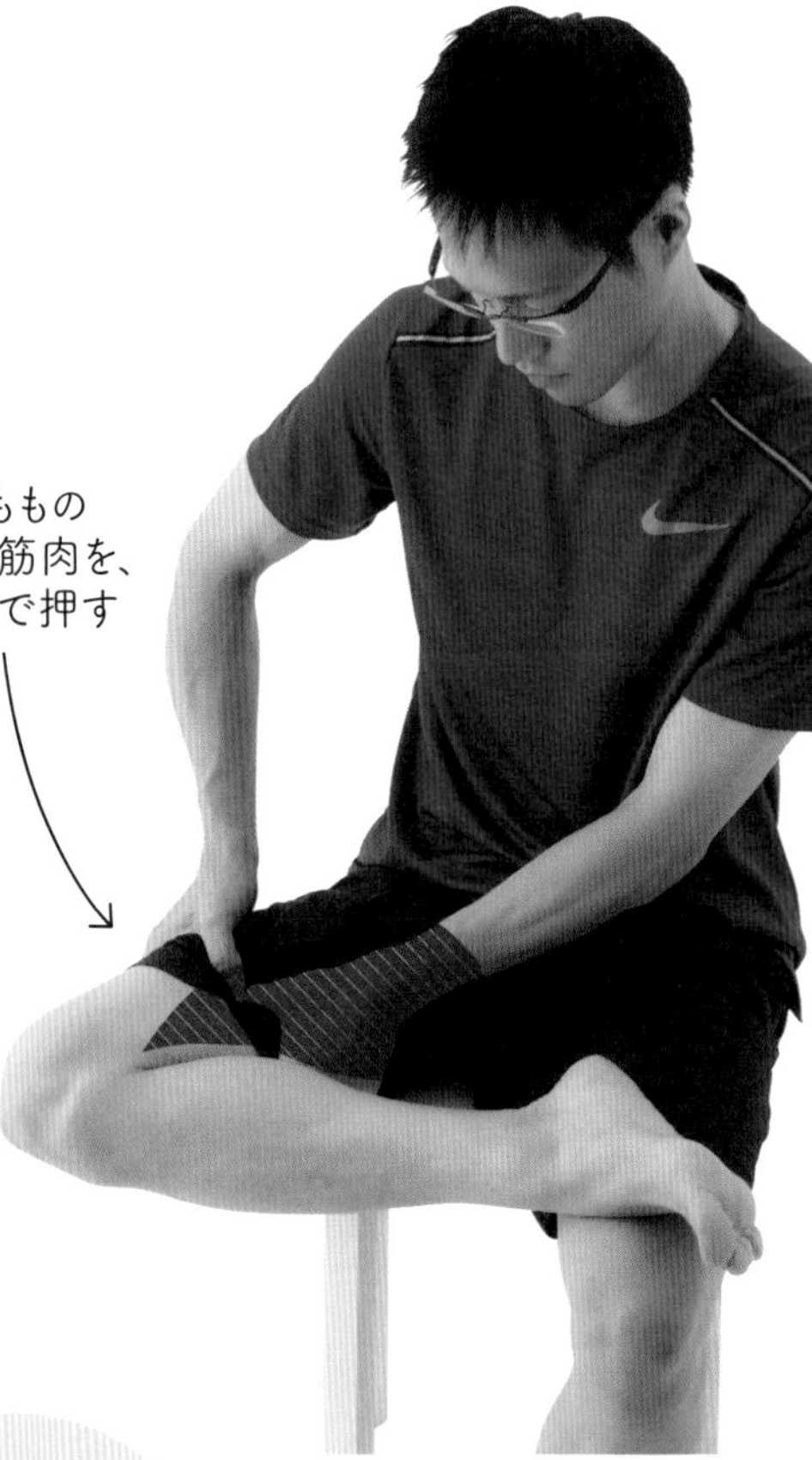

太ももの
内側の筋肉を、
親指で押す

1

右 30秒 + 左 30秒

椅子に座り、右脚はひざを曲げ、左ひざへのせる。右脚の太ももを両手でつかみ、太ももの内側の筋肉を親指でまんべんなくマッサージする。反対側も同様に。

memo

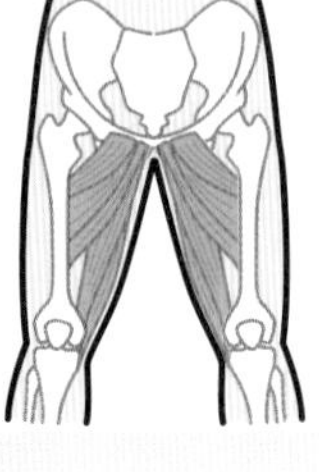

どんな筋肉？

内転筋群は太ももの内側にあり、骨盤を安定させる働きがある。硬くなると股関節に負担がかかり、腰痛やひざ痛の原因になる。

動的ストレッチ

2

上下
5
回

床に座り、両ひざは曲げて開き、足を体に引き寄せる。両手で足を包み込み、ひざを上下させる。

軽く反動をつけて行う

股関節が滑らかに
動くのを感じる

静的ストレッチ（ソフト）

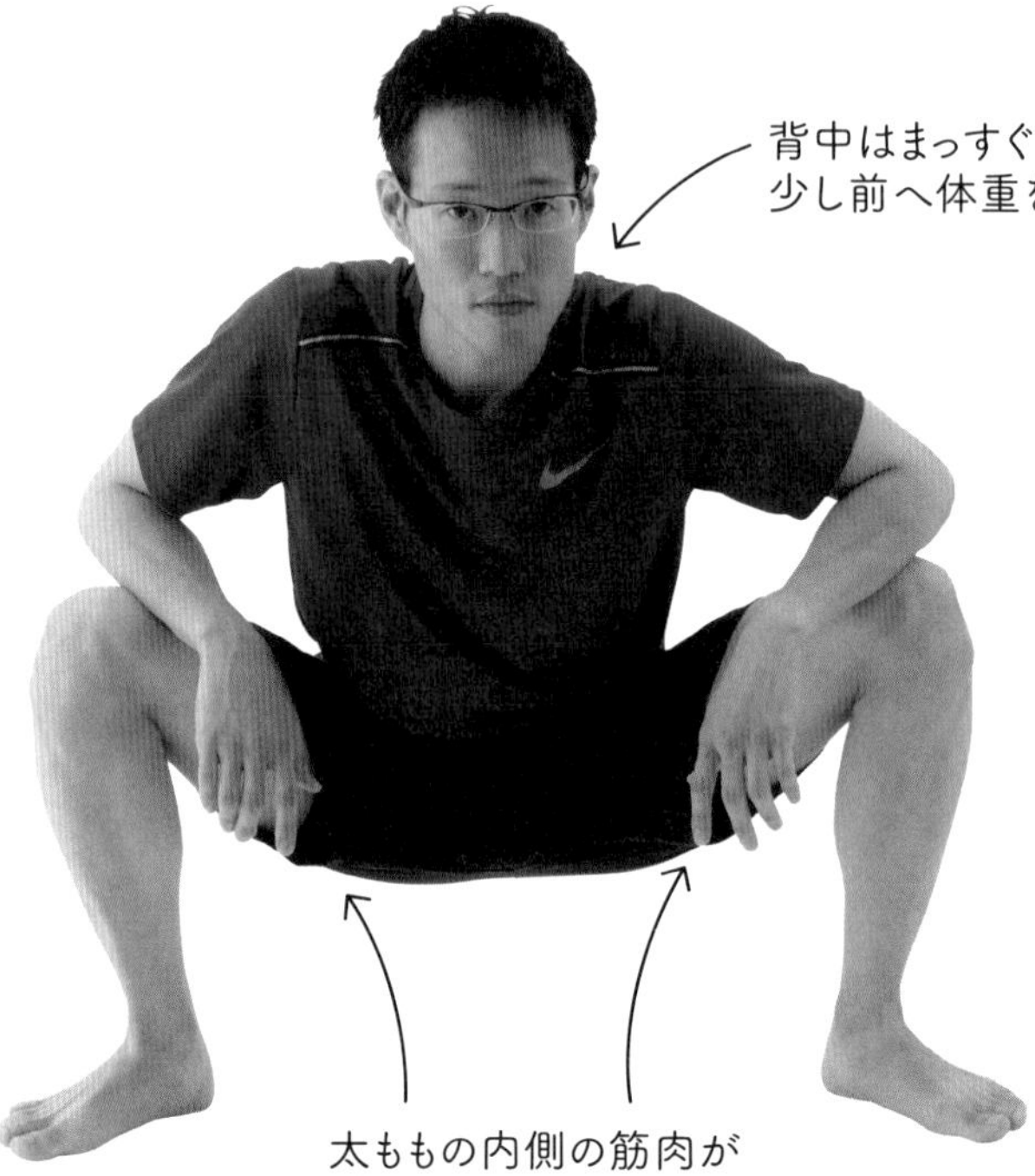
背中はまっすぐに
少し前へ体重をかける
太ももの内側の筋肉が
伸びているのを感じる

3

20秒 × 3セット

脚を大きく開いて立ち、腰を落とす。両手は脚の内側へ下げる。

静的ストレッチ（ハード）

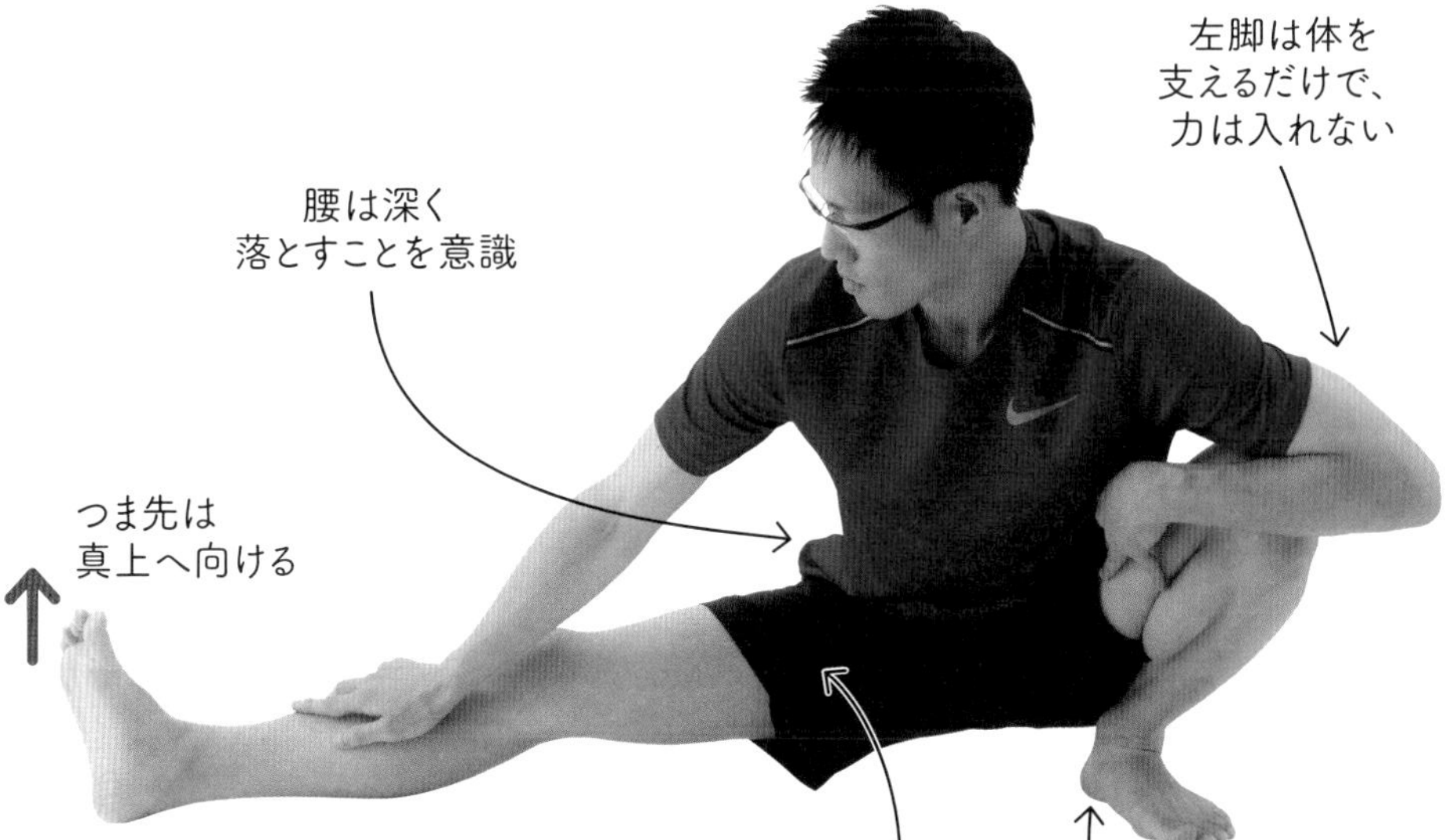
左脚は体を
支えるだけで、
力は入れない
腰は深く
落とすことを意識
つま先は
真上へ向ける
太ももの内側の筋肉が
伸びているのを感じる
かかとは
床につける

4

右 20秒 ＋ 左 20秒 ×3セット

右脚は前へ出し、つま先を上げる。左足のかかとは床につける。反対側も同様に。

※このポーズが難しい人は、バランスを取るために床に両手をついてもよい。

Let's Stretch

4

驚くほど軽快に歩けるようになる

《大腿筋膜張筋》をやわらかくするストレッチ

マッサージ

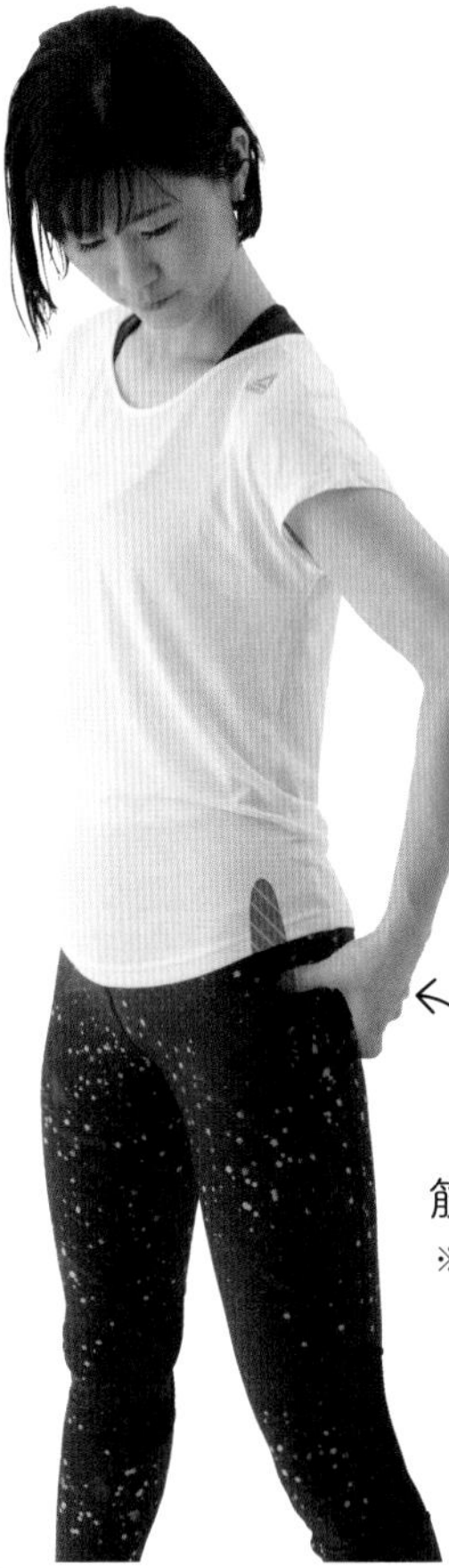

太ももの側面の筋肉を親指で押す
※ズボンのポケットがあるあたり。

1

左30秒 ＋ 右30秒

脚は肩幅に開いて立ち、左脚の太ももの側面にある筋肉を、左手の親指でまんべんなくマッサージする。反対側も同様に。

memo

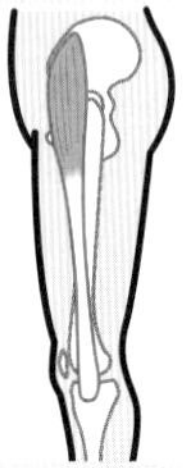

どんな筋肉？

大腿筋膜張筋は太ももの側面にある筋肉。ひざまでつながっていて、硬くなると、ひざ痛の原因になる。

動的ストレッチ

背中はまっすぐに

股関節が滑らかに
動くのを感じる

2　左5回 ＋ 右5回

両手は腰にあて、左脚を左横へ上げる。反対側も同様に。

静的ストレッチ（ソフト）

体が壁から見て
軽く弓なりになるように
右手のひらで、
体を軽く支える
太ももの
側面の筋肉が、
伸びている
のを感じる
左足の側面を
床につける

3

左20秒 + 右20秒 × 3セット

壁の横に立ち、左手を左腰にあて、右手のひらを壁につく。右脚のひざは曲げ、左脚は右脚の後ろへ交差させる。反対側も同様に。

静的ストレッチ（ハード）

上半身を使うため、
体が弓なりになる
太ももの
側面の筋肉が、
伸びている
のを感じる

4

左20秒 ＋ 右20秒 ×3セット

右手のひらは腰の位置で壁につけて体を支え、左腕は高く上げて手のひらを壁につける。反対側も同様に。

Let's Stretch
5

腰痛やひざの痛みが軽減する

《大腿四頭筋》をやわらかくするストレッチ

マッサージ

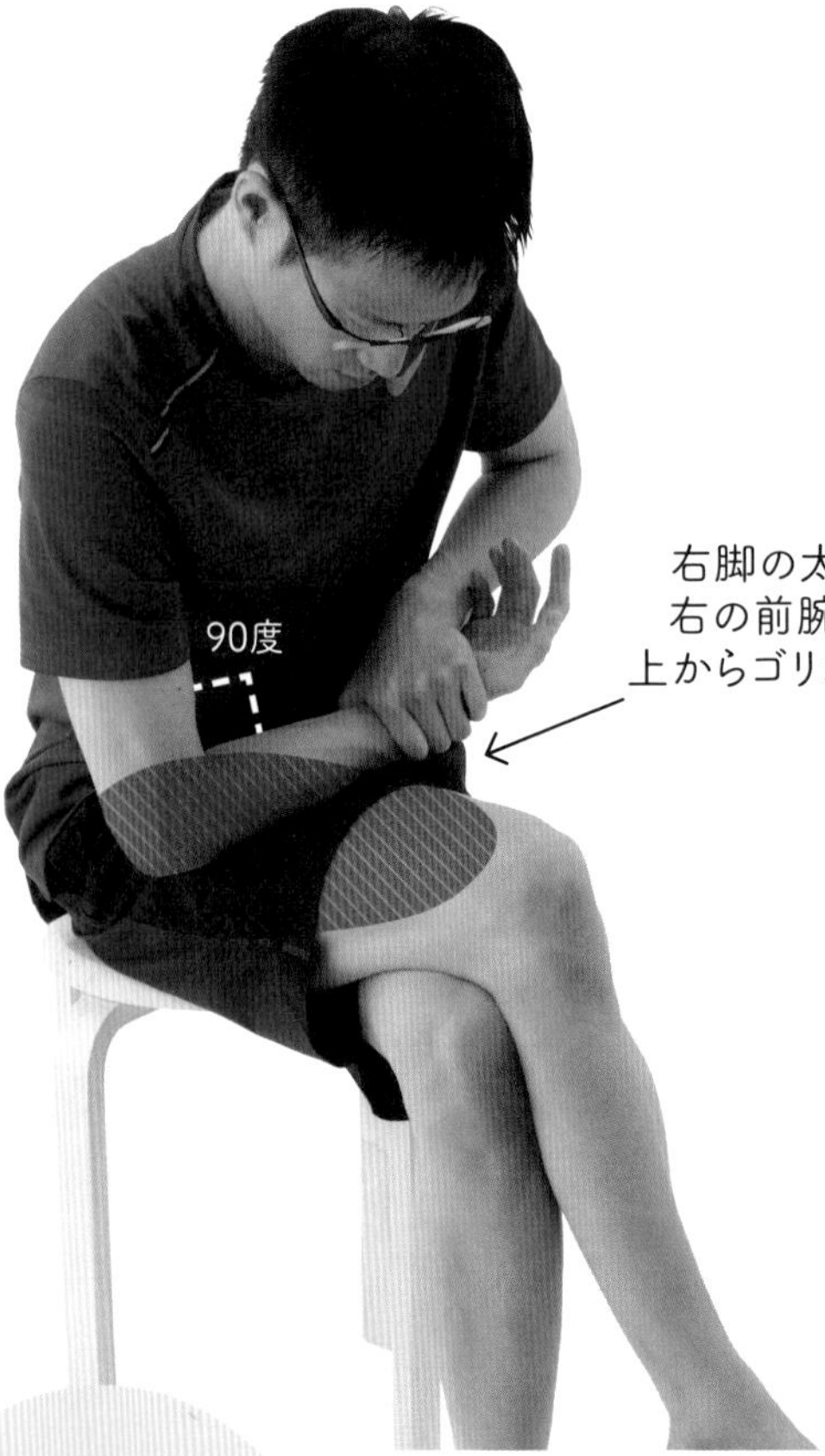
90度
右脚の太ももは、
右の前腕を使って
上からゴリゴリ押さえる

1

右30秒 + 左30秒

椅子に座り、脚を組む。前屈みになり、右ひじを90度に曲げて太ももの上に置き、右の前腕の骨を使って上から押さえながら、まんべんなくマッサージする。反対側も同様に。

memo

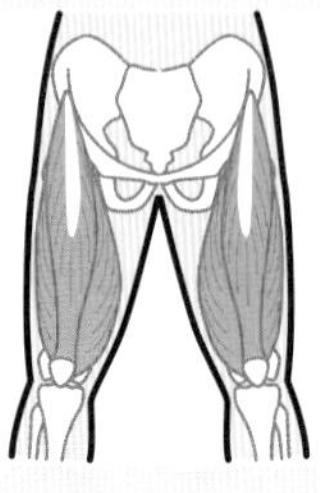

どんな筋肉？

大腿四頭筋は太ももの前側にある大きい筋肉。股関節からひざ下までつながっているので、硬くなって骨盤が前傾すると、反り腰から腰痛になる。

動的ストレッチ

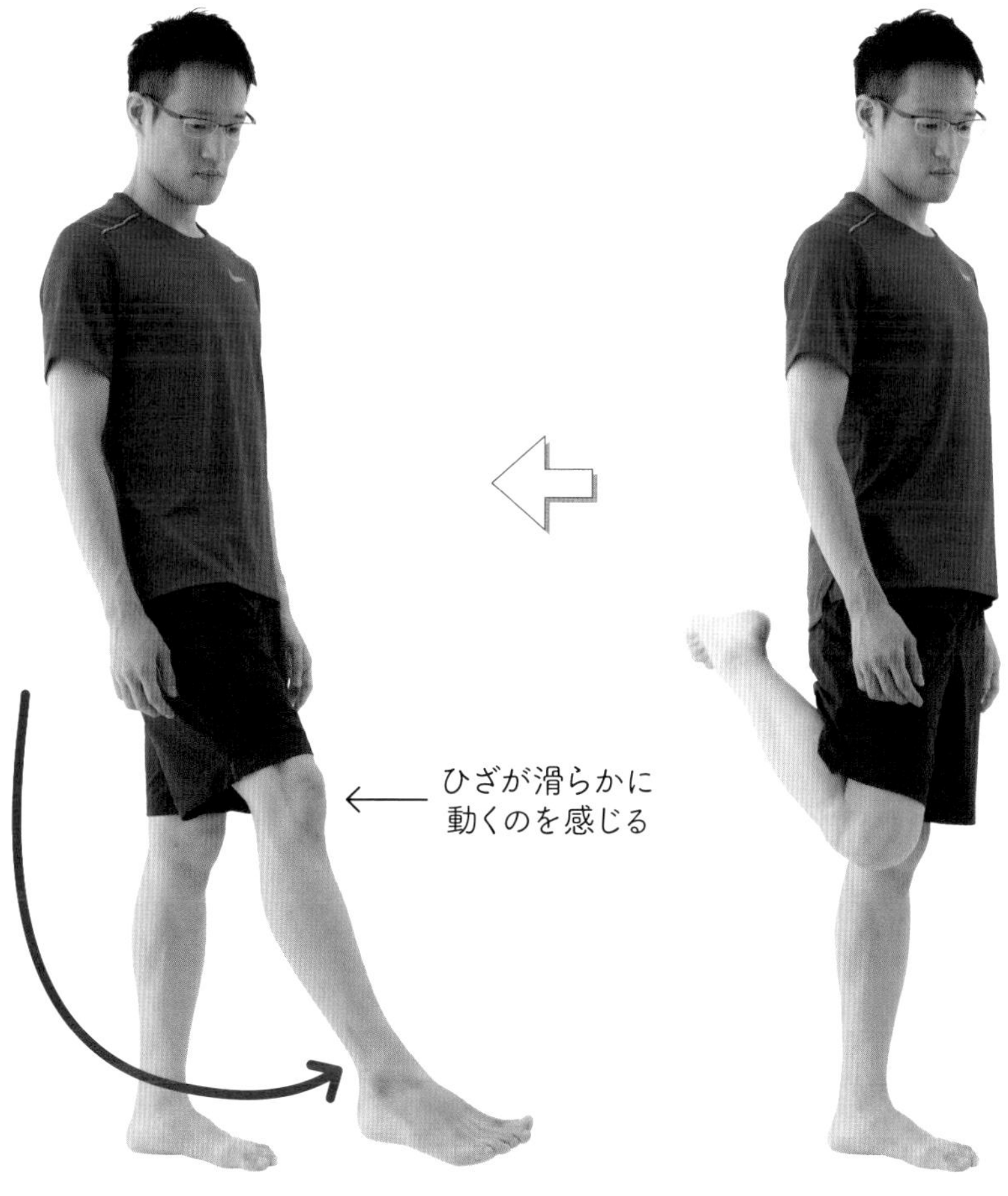
ひざが滑らかに
動くのを感じる

2 右5回 + 左5回

脚は肩幅に開いて立ち、右脚を曲げて後ろに蹴り上げてから、伸ばして前へ払う。反対側も同様に。

静的ストレッチ（ソフト）

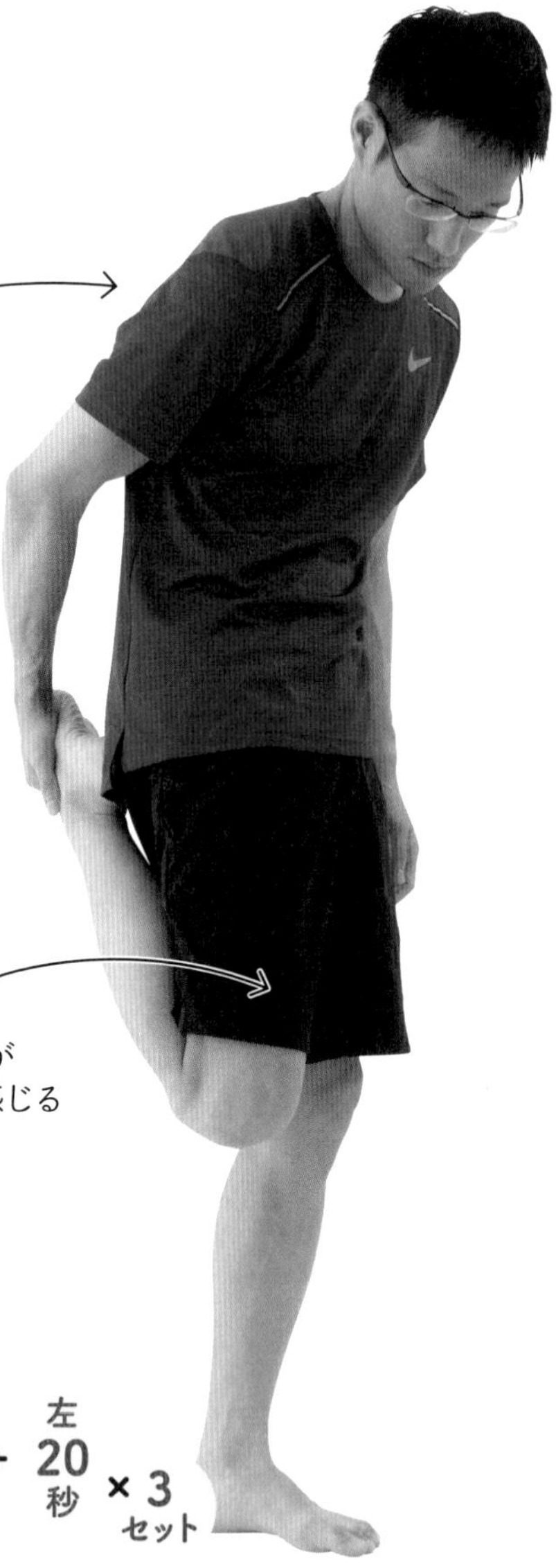
猫背になり、
骨盤を後傾させる
ことを意識
太ももの筋肉が
伸びているのを感じる

3

右 20 秒 ＋ 左 20 秒 × 3 セット

**右手で右足をつかみ、
かかとをお尻につける。
反対側も同様に。**

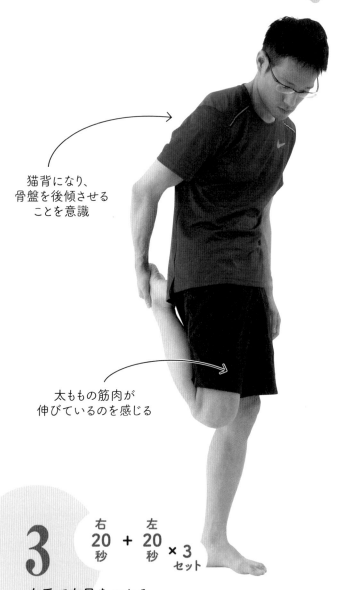

静的ストレッチ（ハード）

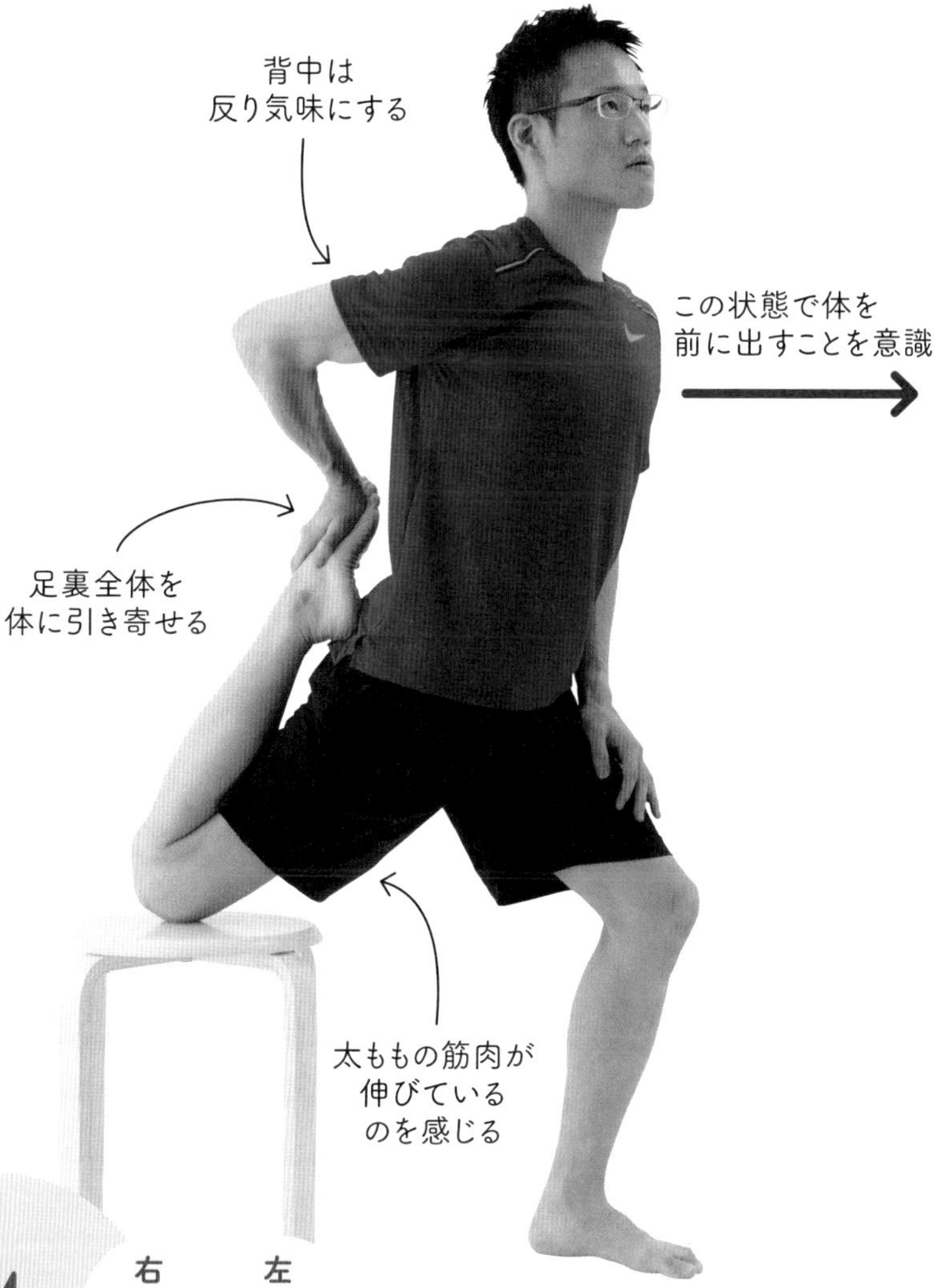
背中は
反り気味にする
この状態で体を
前に出すことを意識
足裏全体を
体に引き寄せる
太ももの筋肉が
伸びている
のを感じる

4

右 20秒 ＋ 左 20秒 × 3セット

椅子を右後ろに置き、座面に右ひざをのせ、右手で右足をつかみ、かかとを体に引き寄せる。反対側も同様に。

マッサージ

Let's Stretch

6

地面を蹴りやすくなり、足運びが軽くなる

《ハムストリングス》をやわらかくするストレッチ

ひざは90度に曲げる
親指以外の四指を、
太ももの裏にグイッとくい込ませる

1

右 30秒 ＋ 左 30秒

床に座り、両脚は伸ばす。右脚のひざを90度に曲げ、太ももの裏に両手をあて、親指以外の四指でまんべんなくマッサージする。反対側も同様に。

memo

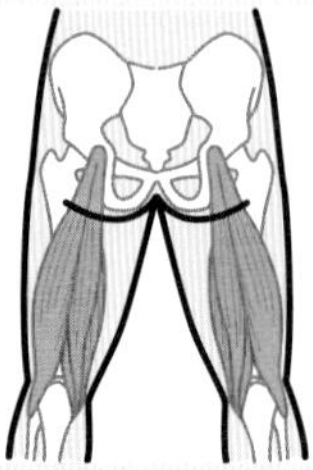

どんな筋肉？

ハムストリングスは「大腿二頭筋・半腱様筋・半膜様筋」の総称。硬くなると骨盤後傾や、急に走り出したときに肉離れを起こしやすくなる。

動的ストレッチ

ひざが滑らかに
動くのを感じる

2

左5回 + 右5回

脚は肩幅に開いて立ち、両手は腰にあてる。左脚のひざを曲げ、後ろに蹴り上げる。反対側も同様に。

静的ストレッチ（ソフト）

ひざはまっすぐ伸ばす
太もも裏が伸びて
いるのを感じる

3

右20秒 ＋ 左20秒 ×3セット

椅子から離れて立ち、両手を腰にあてる。右脚のかかとは座面につけ、つま先は上げる。反対側も同様に。

静的ストレッチ（ハード）

左腕はできるだけ
下へ垂らす
ことを意識
太もも裏が伸びている
のを感じる
左脚がぐらつか
ないように注意

4

右20秒 + 左20秒 ×3セット

椅子から離れて立ち、右手を腰にあてる。右脚のかかとは座面につけ、つま先は上げる。左腕は右脚の外側へ垂らす。反対側も同様に。

Let's Stretch

7

つらい脚のむくみが、スッキリ解消する

《腓腹筋》をやわらかくするストレッチ

マッサージ

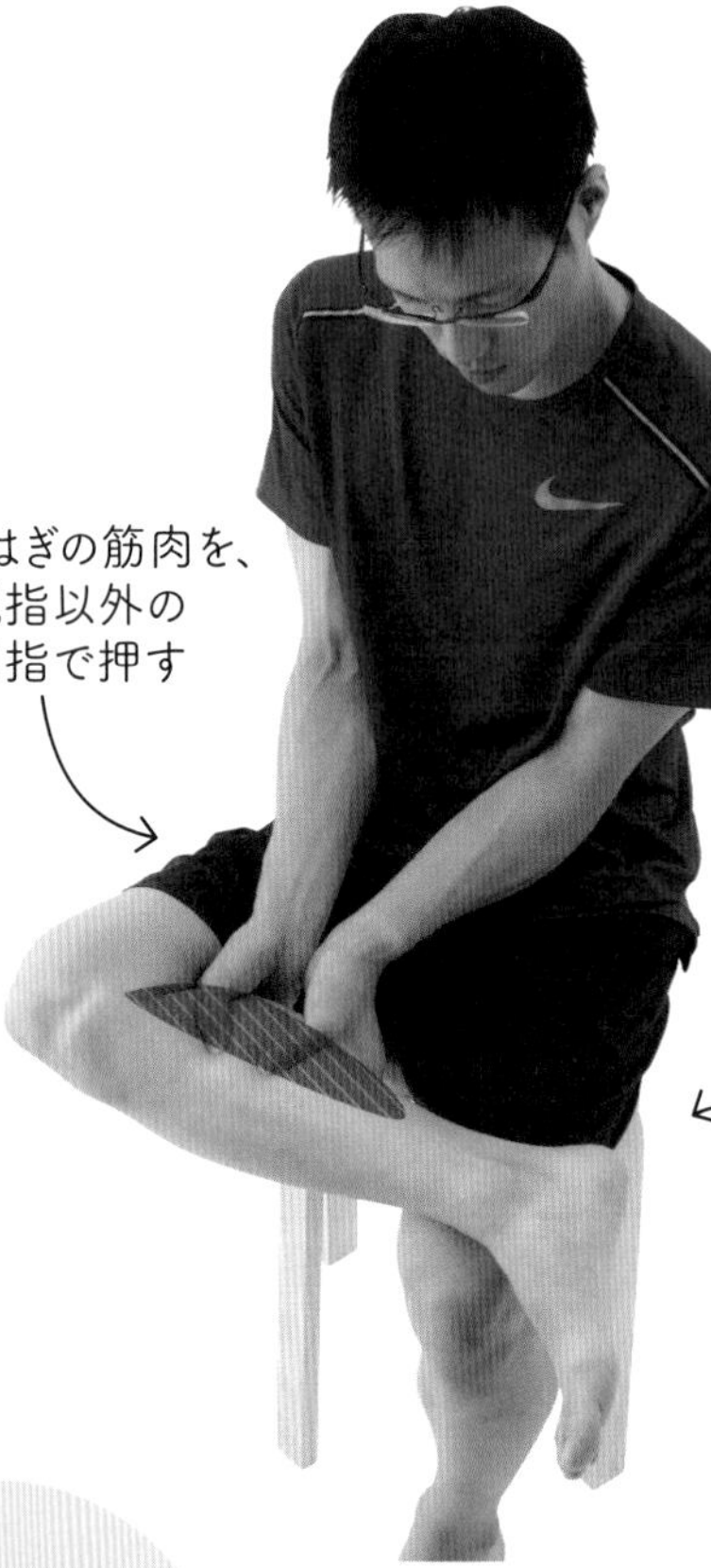

ふくらはぎの筋肉を、
親指以外の
四指で押す

左脚を
支えにする

1

右 30秒 ＋ 左 30秒

椅子に座り、右脚はひざを曲げ、左ひざへのせる。右脚のふくらはぎの筋肉を親指以外の四指でまんべんなくマッサージする。反対側も同様に。

memo

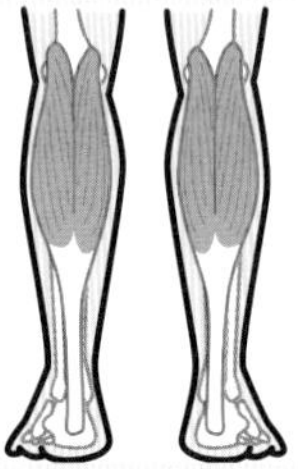

どんな筋肉？

腓腹筋はふくらはぎの筋肉。血流を促すポンプ機能が備わり、余分な水分や老廃物を排出してくれる働きがある。硬くなると、脚がむくむ。

動的ストレッチ

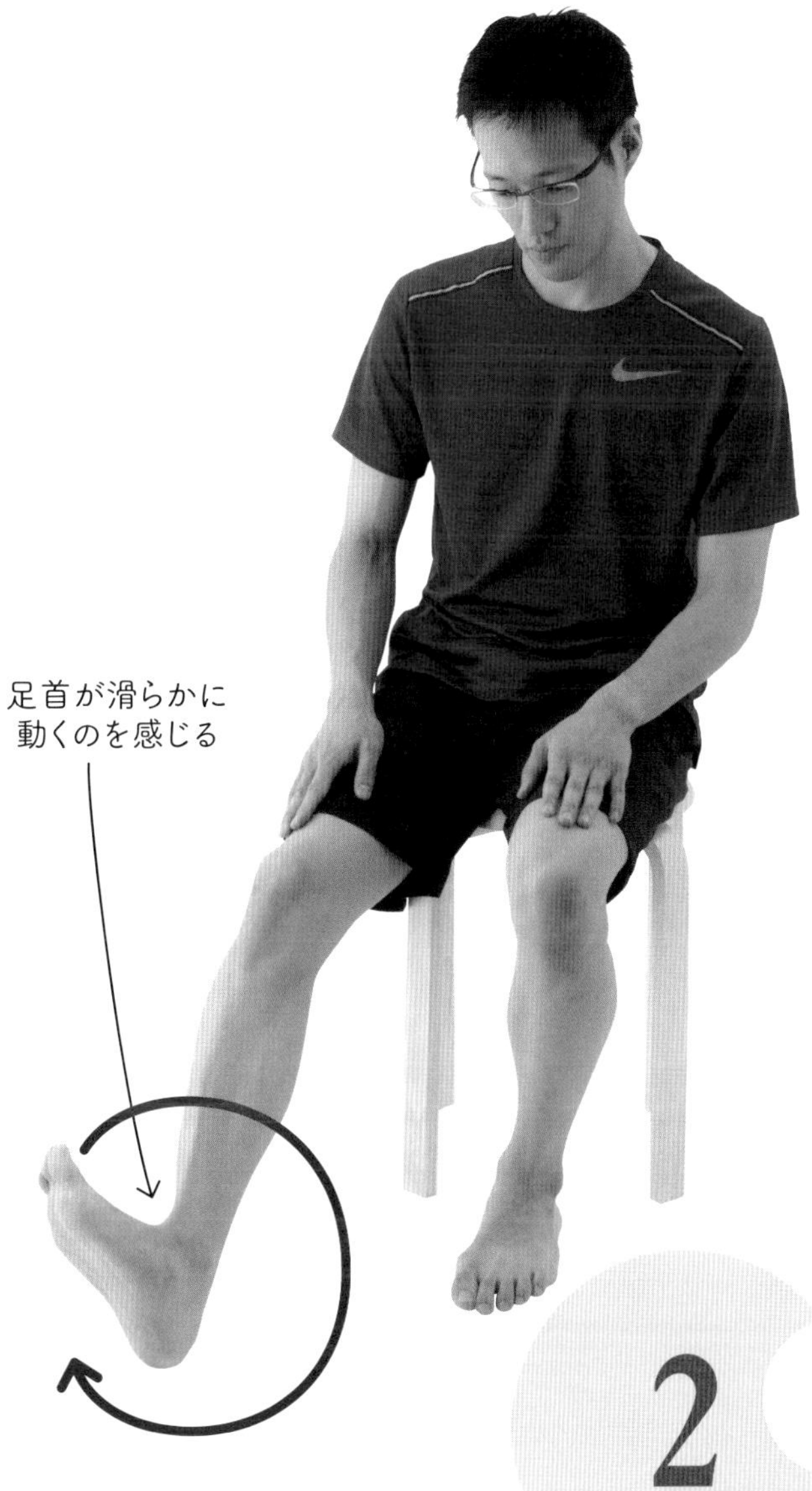
足首が滑らかに
動くのを感じる

2 右5回 + 左5回

右脚は前へ出し、かかとは床につけ、足首をまわす。反対側も同様に。

静的ストレッチ（ソフト）

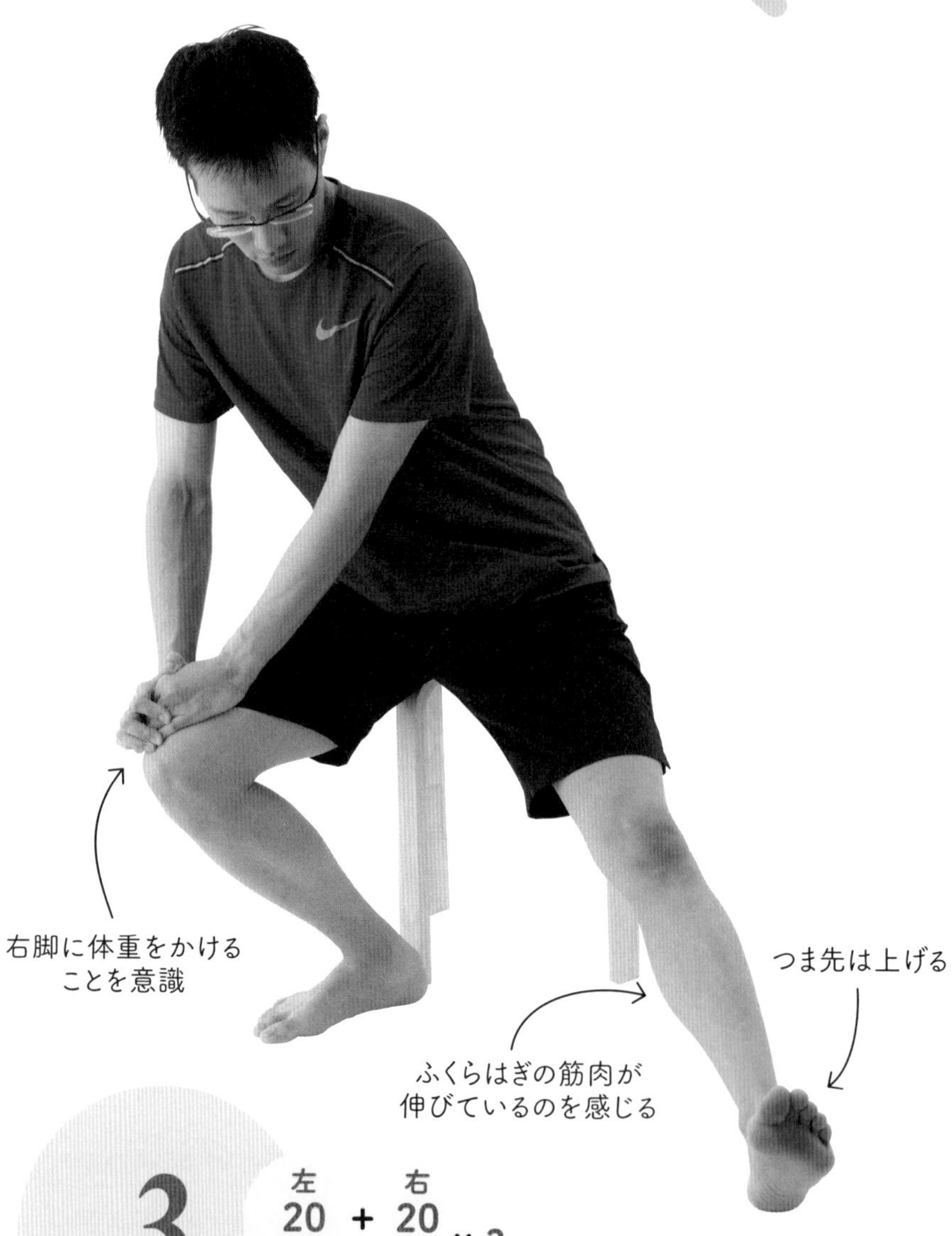
右脚に体重をかける
ことを意識
つま先は上げる
ふくらはぎの筋肉が
伸びているのを感じる

3

左 20秒 ＋ 右 20秒 ×3セット

右ひざは曲げて両手をひざへのせ、左脚は前へ出して伸ばす。反対側も同様に。

静的ストレッチ（ハード）

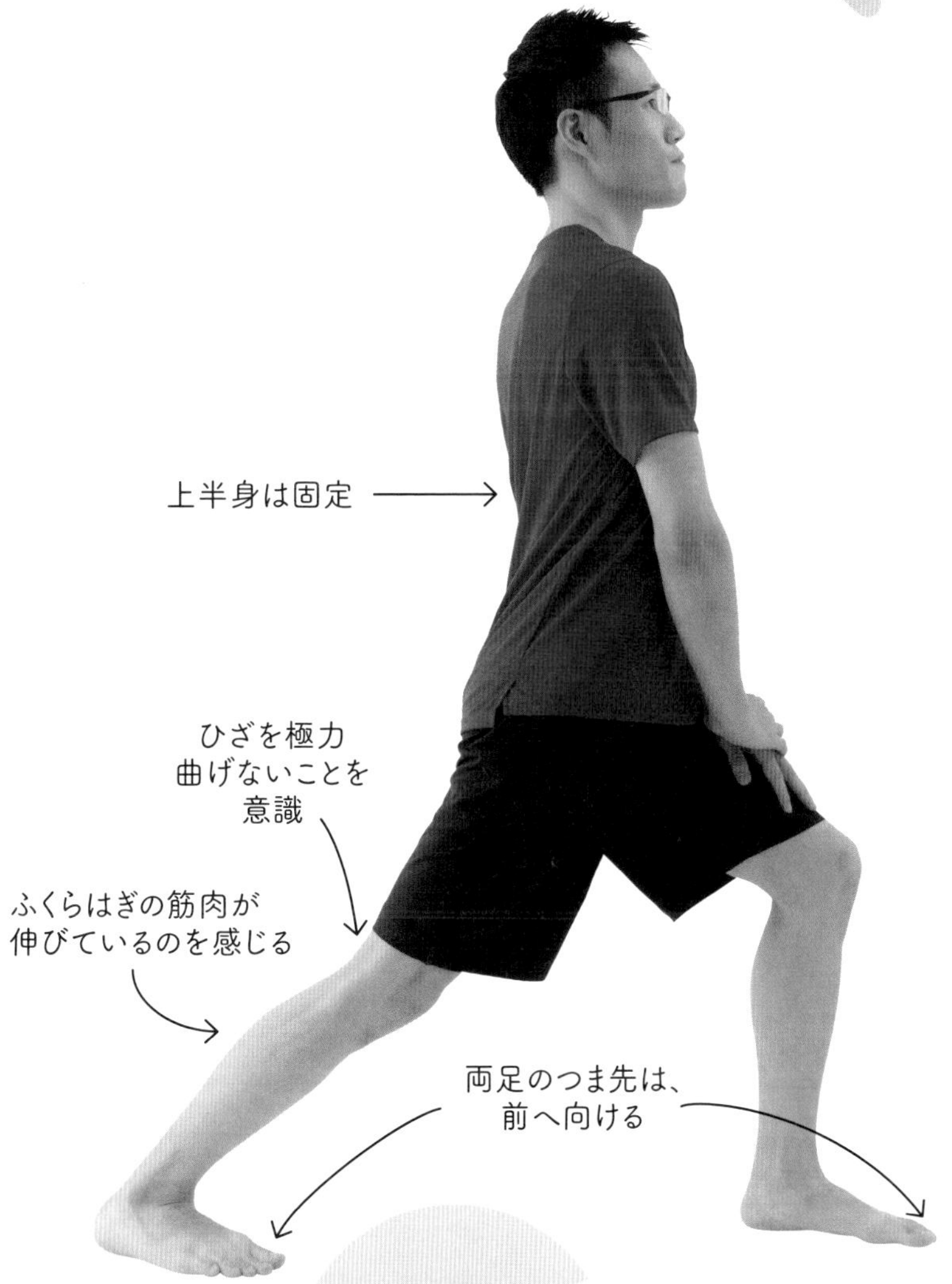
上半身は固定
ひざを極力
曲げないことを
意識
ふくらはぎの筋肉が
伸びているのを感じる
両足のつま先は、
前へ向ける

4

右 20秒 ＋ 左 20秒 ×3セット

脚は肩幅に開いて立ち、左脚はひざを曲げて前へ出し、両手をのせる。右脚は大きく後ろへ引く。反対側も同様に。

Q1 ストレッチを習慣にしたいが、いつするのが効果的？

飲酒後や、体調が悪いときはNGです

A

ストレッチは一般的に、朝は体が冷えているのでラジオ体操のような動的ストレッチが向き、夜はクールダウンする静的ストレッチが向いています。

本書では朝や夜に関係なく、動的ストレッチと静的ストレッチはひとつの流れで行います。静的ストレッチの場合、あえておすすめのタイミングをいえば、運動の後と風呂上がりです。朝にジョギングをする人はその後でもいいですし、夜に風呂に入る人はその後でも構いません。運動や風呂の後は、血流がよくなって筋肉も温まってやわらかくなっているため、ストレッチ効果を上げるベースができます。

また、静的ストレッチをしてはいけないタイミングもあります。寒い季節で、体が冷え切っているときです。そんなときにストレッチをしても、筋肉が固まっていて思うように伸びず、無理をすると筋肉を傷めることもあるので要注意です。ですので、体が冷えているときは、動的ストレッチをするのがおすすめです。

Q2 ストレッチをするとき、どこまで伸ばせばいい？

痛くない範囲で、
痛気持ちよくストレッチ

A

静的ストレッチをするときに、もっとも気をつけたいのは「勢いや反動をつけない」ことです。筋肉に無理な力がかかり、筋肉を傷めてしまうこともあります。

また、張り切りすぎて痛くなるまでストレッチをすると、筋肉が緊張して伸びなくなってしまうこともあります。痛《いた》気持ちいいと思うところまでがおすすめです。

ストレッチをするとき、どこまで伸ばすかは、最初のうちはつかみにくいかと思います。次にポイントを3つまとめてみましょう。

❶勢いや反動はつけない
❷痛くなったらすぐに止める
❸痛気持ちいいと思うところがベスト

ストレッチは競技ではないので、自分のペースでのんびりリラックスして行いましょう。

Q3 筋肉の左右差がある場合は、どう対応する？

片方だけに「×」がついた場合、秒数や回数を最低でも2倍にしてください

A

いままでお客様の体を見てきて、左右対称の方はほとんどいないといってもいいでしょう。職業やスポーツなどによっても、筋肉がコリやすい部位や筋肉が発達しやすい部位も変わり、体に癖がついてしまうことがよくあります。

多少の左右差なら問題はないのですが、かなり差があるようでしたら、老廃物や余分な水分がたまったり、骨盤が前傾・後傾して体がゆがむなど、いろいろな不具合が生じることもあります。

本書では自分の筋肉の硬い部位が簡単にわかるように、ＣＨＥＣＫを13項目（上半身6、下半身7）設けています。また、左右別々の動きをするＣＨＥＣＫ項目をしたとき、右の動きは「○」なのに、左の動きは「×」という結果が出てくるかもしれません。もし片方だけ「×」になった場合は、秒数や回数を最低でも2倍にしてみてください。左右差が少しずつですが、解消されてくるでしょう。

Q4 筋トレとストレッチの違いはどこなのか？

「筋肉を鍛える」と、
「筋肉を伸ばす」の違い

A

筋トレとストレッチの大きな共通点は何でしょうか。それは、場所を選ばずいつでもどこでもできるということです。ストレッチをしてから筋トレをするという方も多く、どちらも同じように考えている人が多いようですが、異なる点はいろいろあります。

まず、筋肉の中にある筋線維への働きが異なります。筋トレは筋線維を太くしますが、ストレッチは筋線維が長くなります。また、血流がよくなってコリが解消するなどの効果もあります。

また、筋トレの際に、筋肉の特定の部位を意識することで筋肉が収縮するため、より効果的に筋トレができます。一方、ストレッチはフォームを意識することはあっても、筋肉を意識して行わないようにします。なぜなら、意識してしまうと筋肉が収縮してしまって伸びずに、逆効果になってしまうからです。

Q5 トレーナーとして指導をする際に、お客様のどこを見る？

「姿勢と可動域」を見て、
指導方針を決めます

A

これまで多くのお客様と接してきて、施術をする際に、まずお客様の「姿勢」を見ます。猫背なのか、左右の傾きはないか、腰やひざが曲がっていないかなどです。姿勢が悪い方は、筋肉が硬い部位があって、体のバランスが取れていません。硬い部位をストレッチでやわらかくしていけば、自然に姿勢もよくなってきます。また、姿勢がいいのに首コリや肩コリに悩んでいる方は、運動不足や長時間のデスクワークによって同じ姿勢を続け、筋肉が硬くなっている場合が多いです。

次に、少し体を動かしてもらって「可動域」を見ます。お客様が運動をしているかどうか、どんな運動をしているかによっても可動域は変わってきます。さらに、運動ごとに、必要な可動域というものもあります。また、可動域が狭くて日常生活に支障があるようでしたら、可動域を広げることで悩みを改善することもできます。

Q6 「ながらストレッチ」でも効果はあるのか？

テレビを見ながら、
音楽を聴きながら、
いつでもOK！

A

「◯◯しながら」というのは注意力散漫なようであまりいいイメージがありませんが、ストレッチに限っては「ながら」をおすすめしています。毎日ストレッチの時間をきっちり決めて、自分の体を管理しようとしても、苦しいだけです。楽しくないと続けられません。

テレビを見ながら、好きな音楽を聴きながら、家族と会話をしながら……。食べながら以外は、いつだってＯＫです。本書の写真のようにポーズを取って、ゆっくり筋肉を伸ばしてみましょう。一日の疲れやコリも取れて、精神的にもリラックスしてきます。

また、頑張って目的とする筋肉に意識を集中しすぎてしまうと、かえって力が入って、思うように筋肉が伸びません。「◯◯しながら」でもいいので、すき間時間を見つけて、少しずつでもコツコツと続けてみてください。

著者

なぁさん

解剖学を熟知したストレッチトレーナー
ストレッチ専門店「N ストレッチ」代表

1988年、兵庫県生まれ。9歳で合気道を習い、13歳から少林寺拳法をはじめて高校で日本一、大学で全日本3位を獲得。卒業後は一般企業に就職したが、ストレッチ専門店の施術に感動し、ストレッチトレーナーになることを決意。「体の構造を理解する大切さ」を痛感し、独学で解剖学を習得。毎日更新するTwitterでの情報発信が絶賛され、フォロワーは15万人を超える。「肩のコリが改善された」「腰痛が緩和された」「軽快に歩けるようになった」など大好評。

著書に『なぁさんの1分極伸びストレッチ』(大和書房)、『座り仕事の疲れがぜんぶとれるコリほぐしストレッチ』(ダイヤモンド社)などがある。

Twitter：@nst_nakata

装丁	山之口正和（OKIKATA）
本文デザイン	ごぼうデザイン事務所
撮影	石田健一
筋肉図	中村知史
モデル	リコさん
編集協力	雨宮敦子（Take One）

どんなに体が硬い人でもやわらかくなる
ラク伸びストレッチ

2020年11月10日　第1版第1刷発行

著　　者	なぁさん
発 行 者	後藤　淳一
発 行 所	株式会社PHP研究所
	東京本部　〒135-8137　江東区豊洲5-6-52
	第二制作部　☎03-3520-9619（編集）
	普及部　☎03-3520-9630（販売）
	京都本部　〒601-8411　京都市南区西九条北ノ内町11
	PHP INTERFACE　https://www.php.co.jp/
印刷所・製本所	図書印刷株式会社

ISBN 978-4-569-84719-1